W0357496

L'éditeur et le philosophe

De la même auteure

Le Ghetto, Kero, 2021.

On s'était dit rendez-vous dans vingt ans. Coulisses d'une génération qui a pris le pouvoir. Ils étaient ensemble à Sciences Po, Plon, 2018.

Sciences Po pour les nuls, avec Pascal Cauchy, illustrations de Stéphane Martinez, First, coll. « Pour les nuls » poche, 2017.

Anne-Sophie Beauvais

L'éditeur et le philosophe

Robert Laffont

© Éditions Robert Laffont, S.A.S., Paris, 2025
ISBN : 978-2-221-27921-2
Dépôt légal : février 2025
Éditions Robert Laffont – 92, avenue de France, 75013 Paris
info@lisez.com

1

Je vis Michel Onfray arriver vers moi, d'un pas pressé, l'air contrit en raison de son retard. Nous étions en début de soirée, vers 20 heures, et cela faisait déjà bien une petite heure que je l'attendais dans le hall de cet hôtel Mercure, à la sortie de Paris. Il m'avait donné rendez-vous à Boulogne-Billancourt, dans un quartier d'affaires plutôt déshumanisé, celui des états-majors des groupes TF1 et Canal+, qui, avec leur bâtiment amiral respectif, semblent se défier l'un l'autre, à quelques mètres de distance, sur les bords de Seine. C'est amusant, d'ailleurs, comme l'adresse de leurs sièges, *quai du Point-du-Jour*, évoque plus de grands départs maritimes, sur des paquebots à cheminée, depuis un embarcadère, que la modernité froide d'une architecture bétonnée et grise, faite de buildings dans lesquels se livrent de véritables guerres d'audience…

La chaîne CNews appartient au groupe Canal+. Elle avait invité Michel Onfray, pour 8 heures, le lendemain matin, en vue d'une interview dans sa première tranche d'information, et lui avait réservé cet hôtel pour la nuit précédente, situé au pied de ses plateaux de télévision. Le philosophe arrivait de Normandie, et donc de la gare Montparnasse, depuis le centre de la capitale.

« Je suis vraiment désolé, je n'aime pas du tout être en retard, mais mon train n'est pas parti à l'heure ; et puis, j'avais réservé un taxi, pour mon arrivée à Paris, qui ne m'a évidemment pas attendu. Il a fallu en commander un autre, et aucun n'était disponible… bref, rien ne s'est passé comme prévu. Mais avec ce confinement, aucun déplacement n'est tout à fait habituel, n'est-ce pas ? »

En me donnant ces explications, en même temps qu'il s'asseyait non loin de moi, sur un des fauteuils du salon où je m'étais installée, Michel Onfray avait le sourire de quelqu'un qui demandait à être excusé.

Nous étions le 21 janvier 2021, la France subissait encore de plein fouet l'épidémie du Covid-19 et son flot de contaminations. Si les déplacements étaient autorisés durant la journée, un couvre-feu à 18 heures avait été instauré sur l'ensemble du territoire, interdisant toute circulation.

En attendant Michel Onfray, j'avais tourné en rond et changé plusieurs fois de place dans le hall de l'hôtel, qui se trouvait déserté de tout autre client. J'avais d'abord voulu échapper aux courants d'air, que le tambour de l'entrée laissait passer, dans le froid de la nuit qui s'était installée. Et comme seul le concierge de l'accueil faisait société avec moi, notre unique présence nous encourageait à nous espionner l'un l'autre du coin de l'œil… Je voulus, à un moment donné, en me cachant dans un recoin du grand hall, à l'abri du *business center*, échapper à sa surveillance et ainsi le libérer aussi de la mienne.

Cette situation s'expliquait par les restrictions de déplacements et le couvre-feu national. J'avais moi-même enfreint tous les interdits pour ne pas passer à côté d'un rendez-vous qui avait été difficile à obtenir. En voiture, j'avais ainsi traversé Paris, qui se trouvait inhabituellement silencieuse, à la tombée de la nuit. Quelle étrange expérience que d'arriver dans une rue d'un quartier d'affaires, figée, et d'entrer dans un hôtel vide, qui ne devait plus recevoir que quelques rares clients (obligatoirement bénéficiaires d'autorisations dérogatoires de déplacement) ; mais des clients invisibles, cloîtrés dans leur chambre, puisqu'aucun service de restauration ou de bar n'était possible dans les espaces habituellement dédiés, au rez-de-chaussée où je patientais, à cette convivialité hôtelière. J'avais pourtant tenté ma chance, pour rendre mon attente plus joyeuse, en demandant au concierge si je pouvais boire quelque chose, de façon, moi aussi, *dérogatoire*. La réponse avait été sans appel : le personnel avait interdiction de servir quoi que ce soit en dehors des chambres. Je me retrouvais donc seule, dans ce vaste hall d'hôtel au décor standardisé, avec pour unique distraction la grande télévision murale qui diffusait, sans le son, les images de la chaîne d'info LCI. Celle-ci appartenait au groupe TF1... je me suis alors demandé, happée par cette seule animation visuelle, si l'hôtel s'imposait des temps d'antenne égalitaires entre les chaînes appartenant à Francis Bouygues et celles de Vincent Bolloré. J'imaginais que l'établissement, situé à équidistance des deux sièges, ne voulait se fâcher avec aucun des deux propriétaires pour conserver les réservations de leurs invités respectifs, à l'instar de Michel Onfray.

Celui-ci, dès son arrivée, eut la même envie que moi : partager un verre, pour entamer notre discussion dans de bonnes conditions.

« Nous n'en avons malheureusement pas le droit. Toutes les consommations doivent uniquement être servies en chambre, lui indiquai-je.

— Alors, j'ai une idée, me lança-t-il, avec bonhomie, en levant l'œil vers moi. Puisque je vous ai fait attendre, et que nous nous retrouvons ici unis dans la désolation, j'ai l'obligation de rattraper tout ça ! Je vais aller dévaliser mon minibar, et descendre tout ce que je peux, pour nous offrir un apéritif et nous consoler un peu. Après tout, j'ai une réservation de chambre, profitons-en. Attendez-moi, je reviens tout de suite ! »

Je vis Michel Onfray se lever de son fauteuil et se diriger, avec diligence, vers l'accueil pour récupérer sa clé. Je l'observai alors, son arrivée empressée ne m'avait pas permis de le faire. Sa silhouette était moins replète que je ne l'aurais imaginé, mais sa carrure n'en restait pas moins impressionnante. Il pourrait même tenir son rang de trois-quarts centre au rugby, me suis-je dit, en le voyant discuter avec le concierge. Je fus aussi frappée par l'étonnante pelisse qu'il portait, mi-tricot de grand-mère mi-couverture. Un emmitouflage bien épais, même pour un mois de décembre. Mais Michel Onfray est normand, le climat et le ciel devaient être, là-bas, moins cléments qu'à Paris, ai-je pensé.

2

C'était un projet d'écriture qui m'avait amenée à prendre contact avec Michel Onfray. L'envie d'écrire, chez moi, part toujours d'une chose vécue que je veux poser sur le papier, sans autre ambition, au commencement, que celle-ci. Comme un devoir. Celui d'une retranscription de phénomènes humains qui se manifestent devant moi et qui m'interrogent.

J'ai été étudiante à Sciences Po, avec pour camarade de promotion Emmanuel Macron : son arrivée à l'Élysée, à moins de 40 ans, m'avait donné envie de questionner nos copains. Qu'avions-nous fait, les uns les autres, depuis notre sortie de l'école ? Étions-nous parvenus là où nous le voulions, à cet âge du milieu de la vie, la quarantaine, où il faut avoir réussi à peu près tout, tant d'un point de vue professionnel que personnel… ? La réponse pour Emmanuel Macron semblait s'imposer d'elle-même : il pouvait difficilement arriver plus haut ! Et d'ailleurs plus vite. Mais pour les autres ? J'avais voulu les revoir et leur poser ces mêmes questions. De ces entretiens, j'avais retenu une chose : nous formions bien tous une même génération ! Avec les mêmes références, les mêmes envies, les mêmes attentes… Nos échanges ont donné un livre[1].

Tout comme, quelques années plus tard, l'enquête que j'ai menée au sein du village où j'ai habité plus de dix ans : Marnes-la-Coquette.

Vivre là, c'est d'abord avoir le sentiment d'être à 500 kilomètres de Paris, alors même qu'une quinzaine de kilomètres seulement séparent ce village de la capitale. Le temps, ici, n'a pas de prise. L'urbanisation galopante des banlieues franciliennes non plus. Tout est resté en l'état, proche d'une atmosphère bourgeoise et campagnarde qui fleure encore bon le XIXe siècle et les tableaux impressionnistes. Marnes-la-Coquette a toujours accueilli des familles fortunées et des personnalités connues (le dernier en date s'appelait Johnny Hallyday), elle est d'ailleurs la commune la plus riche de France avec le revenu annuel moyen par foyer fiscal le plus élevé de notre pays. Mais l'argent est un sujet quasiment tabou à Marnes. C'est tout juste si l'on ne nierait pas son existence, ne serait-ce que pour éloigner les regards et la convoitise. J'ai commencé par interroger les anciens du village, avec qui il me plaisait tant de parler. Ils ont évoqué une autre vie, celle d'antan, où toutes les classes sociales savaient encore joyeusement se mêler dans le village. Ils m'ont parlé aussi de l'évolution qui a vu disparaître la grande bourgeoisie française qui vivait là au profit de nouvelles richesses venues d'ailleurs, de Russie, de Chine, d'Arabie saoudite, du Qatar… J'ai eu envie de le raconter, en me disant que j'évoquais là un petit morceau de France. Celui dont on

1. *On s'était dit rendez-vous dans vingt ans. Coulisses d'une génération qui a pris le pouvoir*, Plon, 2018.

parle peu : un îlot de l'archipel hexagonal réservé aux plus chanceux.

Voilà comment je plonge dans un sujet qui me touche de près et que je commence à écrire sur celui-ci. Ces livres sont toujours le fruit de rencontres et de témoignages. Mon entretien avec Michel Onfray avait initialement pour objectif de poursuivre une réflexion que j'avais entamée quelques mois auparavant sur les rapports, de plus en plus tendus, entre Paris et la province. Je venais de passer trois années à travailler aux côtés d'élus locaux qui détestaient ce qu'ils appelaient l'« état d'esprit parisien ». Ils luttaient, sur leur territoire, contre la forte empreinte jacobine du pouvoir mis en place par Emmanuel Macron – sentiment renforcé, à l'époque, par la volonté affichée du chef de l'État d'exercer une présidence jupitérienne. Ils dénonçaient, d'une même voix, une capitale de plus en plus éloignée des réalités de la « vraie » France…

Michel Onfray ne me semblait pas penser différemment. Il est cet intellectuel, passé de sa modeste salle de classe d'un lycée technique d'Argentan, dans l'Orne, aux lumières des médias, pour devenir, avec succès, autant un passeur multicanal de la cause philosophique qu'un porte-voix de la France des campagnes et des périphéries qui souffre. Dans la république des idées, il occupe une fonction à part, à la fois intempestive et libertaire : mépris de l'intelligentsia parisienne et des positionnements idéologiques trop convenus ou tempérés.

Pour le rencontrer, j'avais dû montrer patte blanche. Son éditeur, que j'avais contacté, avait voulu que j'explique mes motivations. Un premier e-mail de quelques lignes n'avait pas suffi, j'avais dû en écrire un second, plus détaillé encore.

« Vous comprenez, Michel est déjà tombé dans des pièges, je dois être prudent, c'est mon rôle. Écrivez-moi très exactement ce que vous attendez de lui, les questions que vous aimeriez lui poser, et je le lui transmettrai. Peut-être alors vous contactera-t-il. »

Il le fit. Décrocher son téléphone et avoir au bout du fil une personnalité connue est une expérience originale : vous entendez, d'un coup, une voix parfaitement reconnaissable – la même que celle que vous percevez dans votre poste de radio ou de télévision – mais celle-ci vous parle, à vous.

« Bonjour, c'est Michel Onfray. Mon éditeur m'a dit que vous souhaitiez que l'on se rencontre. Je viens à Paris dans quelques jours, si vous voulez, on peut organiser cela assez vite. »

Cette voix familière et connue – celle que j'avais notamment entendue, pendant plus de dix ans, sur France Culture, avec les conférences de la « Contre-histoire de la philosophie » – fut, avec moi, lors de ce premier appel, posée et affable. Moins nerveuse que celle des interviews ou des débats médiatiques, plus récents, au cours desquels Michel Onfray entre parfois en rébellion ou en combat.

Le rendez-vous fut pris facilement. Cette prochaine rencontre me rendit impatiente. J'avais lu plusieurs ouvrages du philosophe, qui introduit chacun de ses livres par un épisode autobiographique, enracinant ainsi sa pensée dans le terreau même de sa vie. Je connaissais donc son histoire : un père ouvrier agricole et une mère femme de ménage qui le battait compulsivement avec tout ce qui lui tombait sous la main, dans une petite maison de Chambois, bourg normand de 500 habitants. Dix-sept mètres carrés au rez-de-chaussée, dix-sept mètres carrés à l'étage, pour abriter ses parents, son frère et lui. Ni salle de bains ni chauffage. Une enfance à la Zola, qui s'est déroulée au cœur des années 1960. Une enfance qui a laissé des traces sur l'homme, mais qui a contribué aussi à sa notoriété et à la vente de ses livres. Qui ne peut être sensible, en effet, à ces trajectoires hors normes où la misère des débuts fait l'exception d'un destin ? Surtout lorsque ce destin est conquis à la force de la plume et de l'intelligence. J'admirais sincèrement Michel Onfray pour ce parcours qui ne tenait qu'au mérite.

Dans ce hall d'hôtel, ce 21 janvier, je le vis sortir de l'ascenseur, après être monté dans sa chambre, avec, dans les bras, une bouteille de champagne, des chips et quelques paquets de biscuits. Je m'amusais de son air conspirateur et malicieux, celui qui laisse penser qu'un mauvais coup se prépare.

« Vous avez bien fait de vous mettre à couvert de la réception, attaqua-t-il, amusé, en déposant son butin sur la table basse, devant nos fauteuils. Nous allons pouvoir commencer nos échanges dans des conditions quand même plus chaleureuses, vous ne trouvez pas ? »

En regardant Michel Onfray me servir un verre, je songeais aux surprises de la vie… Lui et moi étions en train de rompre le pain, cachés dans les fauteuils d'un *executive lounge*, sous un éclairage jaune et glauque, avec une bouteille de champagne et des chips en guise de menu. J'étais partie de chez moi au cœur d'un confinement dû à une épidémie mondiale non encore élucidée et je me retrouvais dans un hall d'hôtel désert et déprimant, à entamer une discussion, inattendue quelques jours plus tôt, que seule cette épidémie semblait justement rendre possible…

Étais-je intimidée par cet homme que j'avais écouté tant de fois à la télévision ou à la radio ? Pas vraiment. Il se montrait, ce soir-là, détendu, comme s'il attendait de ce déroulé improvisé d'interview les distractions dont le couvre-feu le privait.

« Je suis plutôt un bon vivant, vous savez. On me présente souvent, dans les portraits que l'on fait de moi, comme un homme sombre ou colérique. Dans la raideur, l'amertume ou le ressentiment. Mais c'est faux ! se défendit-il, en levant la main pour esquisser un geste d'impuissance. Je n'aime rien tant, reprit-il, que partager un bon repas et des franches rigolades avec des amis. Mais j'aime le faire chez moi, en Normandie. C'est Paris qui ne me réussit pas. Vous souhaitiez que je vous dise ce que je pense de cette ville... Eh bien, elle n'est pas la mienne. Son esprit, ses coteries, ses mœurs... Pour moi, Paris est un cloaque d'ambitions, de rumeurs et d'intrigues, et plus je m'en éloigne, mieux je me porte. »

Je tournai les yeux vers lui avec un étonnement qu'il devina : ce n'était pas tant son propos qui me surprenait, son anti-parisianisme était connu – et je venais, d'une certaine façon, pour l'entendre de près – mais je trouvais que sa franchise témoignait d'une confiance qu'il m'accordait, alors qu'il ne me connaissait pas.

« J'examine mon interlocuteur, et je décide assez vite s'il est digne de confiance ou non. Et quand la confiance est accordée, chez moi, elle ouvre les portes. J'ai appris très tôt, avec un accident cardiaque qui a failli me coûter la vie à 28 ans, que le temps nous est compté. Mon épouse me trouve évidemment parfois imprudent et spontanément trop gentil avec ceux que je connais à peine. Elle a sans doute raison, mais je fais confiance à mon instinct, et jusqu'ici, il ne m'a pas trop trompé.

— Vous n'avez jamais été déçu par quelqu'un ? osai-je lui demander.

— Bien sûr que si. Qui ne l'a pas été ? Si vous voulez tout savoir, je l'ai sans doute été plus en amitié qu'en amour. C'est dur, l'amitié avec des personnes qui ont du mal avec ce que vous êtes devenu. On m'a demandé un jour si le succès m'avait changé… je n'en ai pas l'impression. Ce que je sais, c'est qu'il a changé mes amis. Certains n'ont pas accepté ce que je suis. D'autres ont trouvé des occasions de se fâcher. Du simple fait que vous soyez ce que vous êtes, vous les humiliez. J'ai de l'argent, j'en prête, j'humilie mes amis. Je n'en prête pas, je suis radin. J'invite des amis, j'ouvre du champagne, comme je le fais avec vous, on se dit que je fais démonstration de mon pouvoir d'achat ; je n'en ouvre pas, on se dit que je pourrais quand même le faire ; j'en ouvre six, on se demande pourquoi je n'en ouvre pas douze. À un moment donné, c'est fatigant… Je crois savoir donner, mais peu de gens savent recevoir. Des amis s'en sont allés, pouvais-je les rattraper ? Donc pour être honnête, il ne me reste pas beaucoup d'amis aujourd'hui. »

Voilà comment Michel Onfray, un soir de décembre 2020, alors que nous nous étions rencontrés à peine une heure plus tôt, dans un hall d'hôtel, s'abandonna à des premières confessions. Aucune de mes questions ne l'effraya. Il me laissa, avec bienveillance, en poser autant que je le souhaitais, et je ne voulus pas me priver. Très vite, le sujet pour lequel je venais le voir s'éloigna. Ou plus exactement, il devint le point de départ d'une discussion au cours de laquelle, si je le désirais, une vie entière semblait pouvoir m'être contée.

3

Michel Onfray me parla ainsi, et très vite, de sa mère, de la violence physique qu'elle exerçait sur lui quand il était enfant doublée de la tyrannie qu'elle imposait à sa famille. Je l'entendis me raconter les coups qui pleuvaient, les punitions au martinet, puis, plus tard, les humiliations qu'il connut aussi dans l'orphelinat où il fut placé en pension dès l'âge de 10 ans, avec le sentiment que sa mère se débarrassait de lui.

« Une mère à qui je dois d'être mort à l'âge de 10 ans... » me dit-il, sans gravité excessive, mais avec une voix basse et profonde qui semblait monter de régions secrètes et pouvoir me révéler la matrice d'un homme.

Cent vingt gamins dans un dortoir, avec la saleté, la puanteur, la promiscuité, surveillés par des prêtres dont certains étaient pédophiles. Il sortit de cet endroit, à l'adolescence, révolté contre le monde.

Mais dans le paysage de cette enfance vouée au malheur et à la solitude, une lumière apparaissait : son père. Il me le dépeint comme empli de vertus, aimant, fiable, mais résigné et épuisé par une vie de labeur.

Je l'écoutais avec avidité. Le moment devenait hypnotique. Je vivais les scènes que Michel Onfray me décrivait. Elles me dévastaient et m'amenaient à une émotion ignorée, même si elles m'étaient, pour certaines, déjà connues. Les lire dans des livres était une chose, les entendre résonner dans la bouche de l'homme qui les avait vécues les rendait très émouvantes.

Michel Onfray me raconta aussi comment, pour payer ses études supérieures, il enfila une blouse d'ouvrier à l'usine de son village : une fabrique de fromages, où il découvrit le féodalisme du travail à la chaîne, le petit pouvoir et les rosseries des petits chefs et le paternalisme des patrons, seigneurs des lieux.

Il me parla du jour où il rendit son tablier en disant au petit chef, les yeux dans les yeux, ce qu'il pensait de lui. Il s'en souvenait comme d'un moment de gloire…

« Ma vraie revanche, c'est de pouvoir aujourd'hui obéir au moins de gens possible, me lâcha-t-il posément, en s'interrompant pour savourer son verre de champagne. C'est d'ailleurs ce qui entretient une forme de détestation à mon endroit : je ne suis dans la main de personne. »

Il me dit avoir écrit 140 livres en trente ans ! L'équivalent d'œuvres de dix penseurs au moins, ai-je songé ! Car l'homme est connu pour être un infatigable graphomane, à l'écriture galopante, inextinguible. Ses ouvrages traitent de thèmes philosophiques les plus divers : le cosmos, l'esthétique, la rébellion, l'art, Proudhon, Tocqueville et tant d'autres. Ils appartiennent à des genres et des formats composites : Michel Onfray écrit des gros volumes de 300 pages, mais aussi des recueils de poésie ou de haïku, en passant par des pièces de théâtre ou des chroniques sur l'actualité politique !

« Demande-t-on à un curé de ne pas prier le week-end ? Pourquoi arrêterais-je d'écrire, c'est toute ma vie et je m'y consacre quotidiennement, plusieurs heures, sans exception, me confia-t-il. Je peux écrire jusqu'à 15 à 20 pages par jour. »

En me versant une nouvelle rasade de champagne, je m'amusais :

« S'attaquer à toute votre œuvre, ce pourrait être une nouvelle de Borges : le lecteur tâchant de rattraper l'auteur... »

Les bonbons Haribo du minibar nous aidèrent à sucrer le climat et la fin de la discussion. Nous parlâmes, après minuit, plus légèrement, de tout et de rien, de pétanque, de sapin de Noël et de Didier Raoult, ce professeur marseillais au sujet duquel la France se déchirait en pleine pandémie. Michel Onfray croyait encore, à ce moment-là, à la chloroquine dans la lutte contre le Covid-19. Il avait attrapé lui-même le coronavirus, un mois avant. Désir suicidaire, état d'hallucination, vingt et un jours de lutte contre la maladie, dont il écrivit – toujours écrire – un témoignage, comme revenu de l'Enfer de Dante.

Si le personnage public de Michel Onfray en imposait et pouvait faire peur, grâce à – ou à cause de – cette puissance de feu écrite et verbale qui dissuaderait tout ambitieux, tant soit peu raisonnable, de la moindre velléité d'agression, l'homme que j'eus en face de moi, ce soir-là, se montra accessible et rassurant. Peut-être avais-je joui d'une espèce de privilège, d'une sorte d'immunité... Ce qui, en pleine pandémie, n'avait pas manqué de paradoxe.

Nous restâmes cinq heures dans ce hall d'hôtel. Cinq heures à parler, en toute liberté. Un temps comme suspendu, que je ne vis pas défiler.

Quand nous nous séparâmes, je ressentis un frémissement. Je songeais que cet intellectuel, qui publiait à profusion, représentait, par son histoire, par la complexité de sa personnalité, par sa force de travail totalement hors norme, un cas d'école, un rêve de décrypteur ou de romancier. Si j'avais le talent pour le faire, j'écrirais sur cet homme ! Sans doute un peu grisée par l'effet du champagne, je le lui ai dit.

« Et pourquoi pas ! Chiche ! » me lança-t-il, comme un défi.

Sans doute pensions-nous ne jamais nous revoir. Je venais pour une interview destinée à un livre sur le rapport Paris-province, je l'avais eue. Elle avait même été plus riche que je n'aurais osé l'imaginer. La pandémie avait créé, ce soir-là, une situation totalement atypique, elle avait permis une intimité inattendue, celle qui naît entre deux naufragés qui se retrouvent isolés sur une île déserte et qui se mettent à se raconter leurs vies, puisque tout le reste est impossible. J'avais parlé de moi, aussi ; la discussion, comme les confessions, n'avait pas été à sens unique. Cette intimité allait se désagréger instantanément, dès le tambour de l'hôtel franchi.

En me saluant, Michel Onfray me dit : « Rassurez-moi, je ne vous ai pas trop effrayée avec toutes mes histoires ? Je ne veux pas que vous gardiez de moi le souvenir d'une vanité de vieil écrivain qui porte sur sa longue existence un regard complaisant d'orgueilleuse satisfaction. J'aurais voulu, en fait, nous offrir un bon dîner. Si vous ne craignez pas trop de me revoir, je me sens en dette de vous inviter un jour au restaurant. Quand toutes ces conneries seront terminées. »

4

Thierry a été mon professeur d'histoire à la faculté de Nanterre. Très vite, après mon diplôme, nous sommes devenus amis. J'ai toujours vu cet esprit esthète, avec une jouissance pour le débat intellectuel et une passion pour la liberté, fuir les fâcheux et les gens ennuyeux. Il ne se sent lié par aucun préjugé et sait entourer ses amis de ses bienfaits qu'il dispense avec une affectueuse sollicitude. Chaque mois, nous déjeunons chez lui, dans le 8ᵉ arrondissement. Son appartement, sous les toits, est baigné de lumière grâce à une immense verrière. Les livres sont là par centaines, et ils se mêlent à un mobilier ultra-contemporain et design.

Ce jour-là, à la fin du mois de janvier 2021, je le vis frapper du pied sur le sol, pour ponctuer ses propos, en même temps qu'ajuster sa manche de veste, deux manifestations simultanées que je lui connais dès qu'un sujet l'intéresse.

« Cette soirée est improbable. Complètement improbable, répéta-t-il, avec enthousiasme. Dans tout ce que tu me racontes, j'entrevois chez cet homme une force incroyable en même temps qu'une détresse intime, inguérissable, analogue à celle d'un infirme qui n'a plus l'espoir de s'en débarrasser. »

Depuis vingt ans, Thierry m'impressionnait toujours par sa capacité à examiner les êtres : il les prisait avec un réflexe d'expert, conscient que la valeur d'un homme relevait de nombreux éléments et qu'il fallait prendre le temps de tous les saisir avant de se prononcer de manière trop définitive.

« Il ne triche pas, en tous les cas, ajoutai-je au récit que je venais de faire de ma rencontre avec Michel Onfray. Mais étrangement, tu vois, c'est un homme authentique, direct, qui semble tout mettre sur la table, mais dont malgré tout, on ne peut s'empêcher de penser qu'il reste, chez lui, quelque chose d'opaque. De profondément opaque. Sa personnalité est complexe, en fait. Une espèce de grand affectif, tantôt guilleret, tantôt grave. Calme, puis d'un coup, en colère. Tu sens aussi quelque chose de l'ordre de la revanche sociale, de la réparation psychologique, avec une trajectoire hors norme, qui force l'admiration autant qu'elle suscite les questionnements. Cet homme m'a émue. Je suis certaine – et je le lui ai dit, d'ailleurs – qu'un romancier pourrait faire de sa vie une longue et déroutante histoire.

— Tu vas faire quoi maintenant ? me demanda Thierry.

— Comment ça ?

— Tu vas le rappeler ? Le revoir ?

— Pourquoi veux-tu que je le rappelle ? répliquai-je. Il m'a parlé de Paris, de sa vision de cette ville, qu'il n'aime pas, en raison notamment de ses coteries qu'il dénonce très bien. Il m'a dit aussi ce que représente pour lui le fait de rester fidèle à la Normandie, qu'il n'a jamais voulu quitter. Je vais garder toute cette matière et continuer mon projet d'écriture afin de voir où il m'amène.

— Pour ma part, enchaîna Thierry, je trouverais dommage de ne pas le revoir. Tu as de la gourmandise pour ce personnage, ça se sent. Pourquoi n'écrirais-tu pas sur Michel Onfray ? Pourquoi ne tenterais-tu pas de raconter, avec tes mots, ton regard, le parcours de cet homme, cette histoire *longue et déroutante*, comme tu dis ? »

Je ne répondis pas immédiatement. Évidemment que cette pensée m'avait traversé l'esprit. Le « chiche » lancé par Michel Onfray, après que je lui avais dit, dans une provocation *a priori* sans lendemain, que sa vie méritait un livre, était resté suspendu… comme peut l'être une idée à la fois chimérique et teintée de l'envie de relever le gant.

« Ce ne serait pas sérieux ! finis-je par lâcher. S'attaquer à un philosophe atomique et redouté… comment veux-tu que j'en sorte vivante, si tant est, en plus, que j'en sois capable ?

— D'accord, j'entends… Mais qu'as-tu à perdre à essayer ? Creuse l'idée, vois si Michel Onfray était sérieux, avec son "chiche". Écoute, j'ai une bonne intuition avec cette rencontre, elle ne peut pas rester sans suite », conclut Thierry, avec le regard malicieux et l'optimisme que je lui connaissais.

Chiche or not chiche… L'année 2021 ne faisait que commencer, elle avait encore le temps de m'apporter sa réponse.

5

Mai 2021, les cafés et les restaurants réouvrirent. J'allais enfin retrouver *Le Rouquet*, à l'angle du boulevard Saint-Germain et de la rue des Saints-Pères, dans le 7e arrondissement de Paris. « Mon » café. Je lui suis, en effet, fidèle depuis plus de vingt ans, c'est-à-dire depuis mes études à Sciences Po, à deux rues de là. Je connais bien la famille Barrier qui en est la propriétaire. Une famille aveyronnaise : Yvonne, la maman, aujourd'hui plus que septuagénaire, mais encore présente pour veiller sur le service, avec vaillance et sans paresse, comme elle l'a toujours fait ; et ses deux fils, qui ont enfilé leur tablier pour l'épauler. La troisième génération vient d'arriver, derrière le bar.

Ici, rien n'a changé depuis la rénovation du café dans les années 1950 : le comptoir en onyx blanc, les néons rouge et jaune intégrés aux corniches pour un éclairage entre chien et loup, les appliques nénuphar sur les panneaux d'opaline bleue, les tables en Formica et les banquettes bordeaux en moleskine. L'ancienne cabine téléphonique à pièces, au fond de la grande salle, protégée par une porte de bois joliment arrondie, est restée elle aussi intacte, même si elle ne fonctionne évidemment plus.

Ce café parisien ne fait guère parler de lui. Il est peu fréquenté par les touristes, qui lui préfèrent le *Café de Flore* ou *Les Deux Magots*, les deux épicentres show-business et VIP du quartier, situés à quelques enjambées. *Le Rouquet* est un bistrot d'habitués, et nous nous reconnaissons entre nous, d'une table à l'autre, souvent par un simple sourire ou hochement de tête. Il est aussi l'annexe des célèbres éditions Grasset, situées dans la même rue des Saints-Pères.

Jean-Paul Enthoven est un éditeur puissant de cette grande maison, et, en toute logique géographique, un habitué du *Rouquet*. Je le vois depuis des années arriver à l'heure du déjeuner ou dans l'après-midi, avec de jeunes écrivains ou de jolies femmes (les deux statuts ne s'excluent d'ailleurs pas).

Lorsque j'étais plus jeune, étudiante, avec mes amis, je me suis souvent amusée de sa mine toujours hâlée, de ses lunettes aux verres immanquablement bleus fumés et de son élégance ouvragée à l'italienne : pantalons blancs, blazers à pochette et mocassins de couleur, toujours portés pieds nus. À l'époque, nous étions quelques-uns à rêver de le voir s'intéresser aux brouillons de livres que l'on écrivait alors. Aucun de nous n'a jamais osé l'aborder.

Aujourd'hui, vingt ans plus tard, il n'a pas changé. Mon regard sur lui, si. Jean-Paul Enthoven est devenu à mes yeux un personnage proustien dont j'aime à imaginer, à chaque fois que je le vois, les plaisirs et les jours. Ici, dilettante et bellâtre, au bras d'une comtesse italienne, en vacances à Capri. Là, fantasque et dandy, dans une fête germanopratine de prix littéraire, où l'un de ses poulains fait ses premiers pas, et qu'il accompagne de ses conseils.

Un de ses poulains, justement, a été Michel Onfray. Ce dernier me l'avait dit lors de notre rencontre, en me parlant de son tout premier livre édité grâce à Jean-Paul Enthoven, à l'âge de 30 ans, en 1989 !

L'éditeur revenait de vacances, à la fin du mois d'août, quand il découvre, sur son bureau, le manuscrit d'un jeune professeur de philosophie normand. Un livre qui convoque les plus connus des philosophes (Kant, Rousseau, Nietzsche...) pour les passer à la moulinette culinaire. Ont-ils été influencés par ce qu'ils mangeaient ? Telle est la grande question de cet ouvrage.

Jean-Paul Enthoven trouve le manuscrit original, musical, rythmé. Il veut le publier ! Je l'entends en faire l'annonce à Michel Onfray, plutôt mutique au bout du fil, saisi par cet appel inattendu :

« Allô...

— Vous êtes Michel Onfray ?

— Oui.

— Je m'appelle Jean-Paul Enthoven, je suis éditeur chez Grasset. J'ai lu votre manuscrit. Il est singulier et brillant, je l'ai beaucoup aimé. Pourrions-nous nous rencontrer pour en parler ?

— Oui.

— D'où venez-vous ? Où habitez-vous ?

— Chambois.

— Je ne connais pas. C'est où ?

— En Normandie.

— Avez-vous un fax, chez vous, je vous envoie tout de suite le contrat. Vous avez donné votre manuscrit à d'autres éditeurs ?

— Oui.

— S'ils vous répondent positivement, c'est trop tard, vous êtes maintenant un auteur Grasset. !

— D'accord. »

Jean-Paul Enthoven était justement assis à la table voisine de la mienne, au *Rouquet*, en ce mois de mai. Il était seul, le nez plongé dans le journal *Le Monde*. Mme Barrier est arrivée opportunément pour me saluer, avec sa gentillesse habituelle. Il m'est venu alors une idée : pourquoi ne me présenterait-elle pas à mon voisin, à qui elle venait aussi d'adresser quelques mots ? Si je le lui demandais, je savais qu'elle ne me le refuserait pas. Et peut-être recevrais-je un bon accueil de la part de Jean-Paul Enthoven ? Après tout, grâce à sa fréquentation éditoriale du romanesque littéraire, il pourrait se montrer curieux d'un nouveau visage... ? Je pourrais alors lui parler de Michel Onfray et du récit que ce dernier m'avait fait de leur première rencontre.

Cette histoire était touchante : le billet de train à destination de Paris pour lequel il fallait trouver de l'argent ; l'arrivée de Michel Onfray à la gare Montparnasse, avec un plan de la capitale entre les mains, comme n'importe quel provincial ; sa découverte de la maison d'édition qui allait le publier, avec la conviction qu'il n'y aurait qu'un seul livre et pas deux ; la réaction de Jean-Paul Enthoven qui reçoit, dans son bureau, ce drôle de type à l'allure improbable, et dont il s'imagine qu'il n'est pas l'auteur du manuscrit qu'il a lu, surtout quand celui-ci lui dit l'avoir écrit en quatre jours seulement...

Cette partie de l'histoire, Michel Onfray me l'avait racontée, en décembre, d'un ton allègre. Puis, d'un coup, son visage s'était fermé et un réquisitoire avait suivi.

« Vous m'interrogez sur Paris… Eh bien, laissez-moi vous dire que le monde dans lequel évolue Jean-Paul Enthoven, c'est exactement ce petit milieu parisien, que la méchanceté, en même temps que la flatterie ou le mensonge, n'effraient pas… Ces mœurs, ces usages, qui sont ceux de Jean-Paul Enthoven ne me réjouissent pas. Un jour, quand mes livres ont commencé à marcher, il m'a demandé de quitter ma vie, de couper avec mon passé, pour rejoindre son monde, celui qui, d'après lui, en valait la peine. »

Je l'avais interrogé, pour mieux comprendre. « Que voulez-vous dire par : "Il m'a demandé de quitter ma vie" ?

— Eh bien, quand j'ai commencé à avoir du succès, Jean-Paul Enthoven m'a dit que je ne pouvais plus rester vivre en Normandie. Pour lui, je devais tout quitter – même ma femme qu'il ne trouvait pas à la hauteur – pour venir m'installer à Paris, et vivre une vie plus joyeuse et utile à ma carrière. À ses yeux, c'était à Paris que les gens bien, les gens comme lui, vivaient. Je me souviens très bien de l'image qu'il a utilisée à l'époque : "Votre vie, vos souvenirs, on va mettre tout cela dans une maison, on va murer les portes et les fenêtres. Et on va vous construire une autre vie, une nouvelle vie, à Paris !" Je lui ai dit : "Bien sûr que non !" »

Après un silence, il avait ajouté, faisant ressortir son tempérament de pamphlétaire : « Il faut bien que vous compreniez une chose, Anne-Sophie : ma plume, c'est ma valeur. Ma parole aussi. Je n'écris pas ou ne dis pas quelque chose pour gagner de l'argent, pour faire plaisir ou m'attirer la sympathie de qui que ce soit. Je ne veux pas me prostituer. Être écrivain, c'est moins faire une œuvre qu'avoir une attitude. Ne jamais se laisser corrompre. Cela aurait été l'enfer pour moi d'accepter de me trahir. Et c'était exactement ce que me demandait Jean-Paul Enthoven en m'incitant à renoncer à ma vie pour en adopter une nouvelle, qui n'avait pour moi aucun sens. »

Cette profession de foi sur son statut d'écrivain, mêlée à une vraie colère contre son éditeur, le milieu qu'il représente et que Michel Onfray vomit même depuis sa Normandie natale, m'avait laissée quelque peu interdite. Michel Onfray avait vécu des choses douloureuses dans sa vie. Celle-ci ne lui avait pas fait de cadeau, comme on dit. Mais aucune de ces épreuves ne semblait l'avoir fragilisé. Au contraire. Comme un arbre qui aurait poussé entre les pierres sur un sol aride, le philosophe n'avait fait, au fil des années, que renforcer sa propre résistance. Avec cette résistance s'était développé un orgueil qui ne laissait personne lui en conter. Et surtout pas cet homme, Jean-Paul Enthoven. Mais malgré tout, qu'est-ce que ce dernier avait fait exactement pour concentrer un tel rejet ?

Ce jour de mai, au *Rouquet*, Jean-Paul Enthoven ferma son journal et se leva de table. Comme vingt ans plus tôt, je n'osai pas l'interpeller… L'occasion était passée, je n'aurais pas les réponses à mes questions. Du moins pas ce jour-là. Je vis l'éditeur traverser le boulevard Saint-Germain et prendre la direction de la rue des Saints-Pères.

Malgré tout… je songeais à ces deux personnages si différents, qui avaient fait un bout de chemin ensemble. Jean-Paul Enthoven, le Parisien mondain. Michel Onfray, le provincial indigné. La philosophie, l'écriture et les livres les avaient réunis. Mais pourquoi tant de haine aujourd'hui ? Du moins, chez Michel Onfray.

C'était décidé. Je voulais creuser, lever les coins des arrière-mondes de la vie du philosophe. L'envie se mua même en urgence. Dans les quarante-huit heures, j'appelai Michel Onfray. C'était un dimanche soir.

« Alors comme ça, vous voulez vraiment écrire sur moi…

— Oui, du moins, je vais essayer. Avec votre accord. Parce qu'il faudrait que l'on se revoie, que je puisse aussi échanger avec votre famille, vos amis… »

L'idée sembla l'amuser. Lui aussi, qu'avait-il à perdre ? Il m'avait sans doute jugée : je ne cherchais pas le scandale ou la bagarre. Se laisser observer et décrire par une femme animée d'intentions *a priori* inoffensives, qu'il jugeait même peut-être un peu naïve, cela semblait le changer de sa fréquentation des journalistes parfois cauteleux et retors… L'affaire ne pouvait-elle pas même le flatter ?

Ce dimanche soir fut le premier d'une longue série. Pendant plusieurs mois, nous allions, en effet, nous téléphoner, vers 21 heures, ce jour de fin de semaine. De longues discussions prolongeraient celle du 21 janvier 2021. Tant de sujets à aborder… Difficile, en effet, avec Michel Onfray, d'avoir une vision panoramique de sa vie et de ses engagements, qui comprennent, chacun, tant de recoins. Un homme qui avait trompé tous les déterminismes. Un homme imprévisible. À la fois matérialiste, hédoniste, libertaire et athée. Un écrivain, philosophe, mais aussi pamphlétaire et doctrinaire. Homme de gauche devenu, d'après certains, réactionnaire. À la fois hypermédiatique et reclus, comblé mais blessé, rieur mais angoissé… tant de qualificatifs pour un seul individu. Quel trajet de vie, d'angoisse, de joie, de souffrance pour les avoir accumulés tous ?

Peut-être est-ce là son ambition secrète : être insaisissable ?

6

Lors d'un de ces appels du dimanche soir, Michel Onfray me proposa des retrouvailles et insista pour qu'elles aient lieu chez lui, en Normandie, dans son village de Chambois, autour d'une table pour déjeuner.

Je pris le train tôt le matin, depuis Paris. Il vint me chercher à la gare, m'attendant sur le quai avec un large sourire. Cet accueil, de si bonne humeur, créa d'emblée un climat chaleureux, comme de vieux amis qui se retrouvent.

Le temps était clair, très ensoleillé. Nous étions le 21 juillet, l'été s'était installé. Michel Onfray était vêtu de blanc, pantalon et large chemise, et portait des tongs aux pieds, ce qui ne lui ressemblait pas. L'homme des plateaux de télévision, toujours habillé de noir était visiblement resté à Paris…

Nous arrivâmes dans son village un peu avant midi, après un trajet dans une berline Jaguar MK2 ancienne. Sur la route, il m'expliqua que nous allions déjeuner avec sa mère, âgée de 87 ans, mais aussi avec son ancienne institutrice, un peu plus âgée encore, le mari de celle-ci et leur fils, Ghislain, avec qui Michel Onfray était allé à l'école et qui est resté son plus vieil ami.

À mon arrivée, tous m'accueillirent avec la religion villageoise de l'hospitalité et de la convivialité. Je n'étais pas la Parisienne en visite, que l'on observe avec curiosité et tient à distance, mais plutôt un nouveau membre de la communauté à qui l'on souhaite la bienvenue.

Chambois est un bourg rural de moins de cinq cents âmes. Au centre, l'église donne l'heure, et nous indique le sens du vent grâce à la girouette qui surmonte le clocher.

Dans la rue principale, une atmosphère de campagne et de communauté villageoise. La maison de Michel Onfray est à deux pas de l'église. D'apparence modeste, elle donne sur la rue. Nous entrâmes par la porte du jardin et je découvris un lieu plus vaste et composite que je ne l'aurais imaginé. Une première bâtisse en briques anciennes, de couleur crème, avec du lierre grimpant et des rosiers en pleine floraison le long des murs, était sans doute le corps d'origine. Il formait un L autour du jardin. L'intérieur avait un côté bric-à-brac bohème, comme on imagine une maison de campagne, sans prétention mais confortable, avec une succession de pièces plutôt étroites et deux petits escaliers de bois desservant divers espaces.

Au fond du jardin, à angle droit avec la maison, une ancienne grange à foin, avec poutres apparentes, avait été aménagée pour recevoir, l'été, de grandes tablées. Et sur la droite, venant fermer le jardin en lui donnant une forme carrée, s'élevait une autre maison, indépendante de la première, sur deux étages, d'allure contemporaine et semblant spacieuse. J'imaginais un espace pour les invités mais je découvris bientôt qu'une piscine occupait tout le rez-de-chaussée. Au premier étage, il y avait une immense pièce sans cloison, semblable à un grand loft avec de vastes fenêtres, un salon moderne accueillant des canapés de cuir noir, une cuisine ouverte où s'imposait un grand piano de cuisson, noir lui aussi. Au dernier étage, sous les toits, Michel Onfray avait installé son propre bureau. À savoir une table en bois d'architecte, posée sur deux tréteaux et placée devant une fenêtre mansardée d'où s'apercevaient le clocher du village, les toits de tuiles et les vieilles pierres de quelques maisons, ainsi que les tourelles d'un donjon du XIIe siècle. Cette vue-là, Michel Onfray en avait fait la couverture d'un de ses livres. Cette maison moderne était beaucoup plus dépouillée que la première, accueillant seulement quelques objets d'art africain, contemporains ou plus anciens, dont les couleurs vives ressortaient sur les murs blancs fraîchement peints et le parquet beige clair qui ressemblait à un ponton de bateau. À côté de sculptures d'art tribal, un fauteuil très bigarré, en rotin tressé, me frappa : son socle était composé de petits personnages de 30 centimètres de hauteur, genoux fléchis et bras écartés, qui semblaient porter l'assise ; le dossier mettait en scène une figure africaine au ventre rond et à la coiffe de dignitaire. La maison, par son atmosphère contemporaine, épurée, sa piscine intérieure et sa décoration minimaliste mais exotique, nous emmenait loin de la première.

Deux maisons pour deux vies, me suis-je dit. Celle des origines, champêtre, terrienne, chargée de souvenirs et de passé ; la seconde, plus moderne, plus cossue, plus orgueilleuse aussi, mais plus dépouillée et finalement sans beaucoup d'âme. Avant le succès, et après celui-ci, pouvait-on songer aussi. Ces deux vies auraient pu se rejoindre, se mêler l'une à l'autre, se confondre même... mais non, elles restaient séparées, distinctes. Elles cohabitaient, l'une en face de l'autre, sans se parler, semble-t-il.

Pendant que Michel Onfray et Ghislain préparaient le déjeuner, et surtout les frites – le philosophe en est un grand amateur –, l'institutrice du village, qui le fut de 1959 à 1986, me raconta de nombreux souvenirs, avec une mémoire inouïe. À 92 ans, elle n'avait oublié aucune date, aucun détail, notamment sur l'histoire des lieux qu'elle évoquait avec fierté, même si les trente dernières années avaient été moins glorieuses.

« C'est terrible ce qui est arrivé à ce village. Quand Michel Onfray et Ghislain étaient jeunes, on y habitait encore sans difficulté. Nous avions un dentiste, un médecin, des bistrots, un coiffeur, deux garagistes, un plombier... On pouvait rester ici et vivre de manière totalement autonome. Et puis, il y avait l'usine à fromages, où une centaine de personnes travaillaient. Avec les compagnes des ouvriers et leurs enfants, 300 personnes étaient concernées par la fabrique. Le village était construit autour d'elle. Lorsque l'usine a fermé, dans les années 1990, tout s'est éteint : les commerces ont tiré le rideau, nous en avions vingt et un, il n'en reste plus que trois. L'école et la poste aussi... »

Elle parlait de façon dynamique, comme si elle animait encore ses cours.

Durant ses premières années d'enseignement, cette femme avait eu jusqu'à 32 élèves, de 6 à 14 ans, réunis dans une classe unique. Une sacrée tâche éducative ! Elle avait ensuite connu des classes différentes par niveaux d'enseignement, et c'est au CE2 qu'elle eut Michel Onfray comme élève. Un gamin précoce, se souvenait-elle.

« C'est-à-dire, me dit-elle, non sans esprit, un enfant, au sens où vous l'entendez aujourd'hui, qui a droit à la parole, qui intervient pendant la leçon. »

Une exception, à l'époque où les classes étaient encore surchargées, où l'enseignement était seulement didactique, où le temps manquait aux instituteurs pour laisser les élèves s'exprimer. On faisait la leçon, et on travaillait sur *le cahier du jour*, voilà.

Michel Onfray faisait partie des meilleurs au primaire. Mais il n'était pas le dernier, selon son institutrice, à chercher la bagarre et à se mesurer aux autres. Il faut dire qu'avec plus de 60 garçons dans une cour d'école, il fallait savoir se faire respecter ! Ce que Michel Onfray apprit très tôt.

Lors de notre première rencontre, il m'avait raconté comment, à 10 ans, dans l'orphelinat où il avait été mis en pension après avoir quitté l'école du village, il avait décidé de ne pas se laisser faire et de *sauver sa peau*. Parce que, tous les quinze jours, il devait rentrer chez lui en car, et qu'il n'y avait que 50 places à l'intérieur pour 60 gamins ; donc, une dizaine étaient contraints de faire le trajet debout faute de pouvoir s'asseoir. Eh bien, à 10 ans, malgré la pression de garçons de 17 ou 18 ans, plus forts et plus corpulents, Michel Onfray n'avait peur de rien : dès que les portes s'ouvraient, il balançait sa valise en carton par-dessus la tête des autres et, comme un demi de mêlée, fonçait, poussait, écartait pour être assis ! Dès cet âge-là, il avait su que, dans la vie, on ne lui ferait cadeau de rien, et que ce serait à lui, s'il voulait quelque chose, de le conquérir.

Tout au long du déjeuner, la conversation fut joyeuse, faite de papotages de village et d'un provincialisme qui s'amusait du sérieux ou de la prétention de Paris. J'entendis dire, par exemple, que l'on s'émouvait ou s'animait bien trop, dans la capitale, autour de ces feux de paille de l'actualité... alors qu'à la campagne, le temps est long, on remet les événements en perspective.

Michel Onfray, que je voyais rieur et débonnaire, avec cette force tranquille et rassurante que lui donne sa terre de Normandie, dévoilait une âpreté à fleur de peau dès qu'il parlait de Paris. Ce jour-là, il s'agaçait même franchement :

« Je n'aime pas beaucoup les Parisiens qui sont corrompus toute la semaine et qui, le dimanche, viennent en province sentir le crottin des chevaux et dire adorer cela ! La province, il faut y habiter, y vivre, y travailler. C'est une ascèse, une vertu, que n'a plus celui qui habite Paris. Pour moi, Paris, c'est un peu Babylone. Et tous ceux qui y habitent, tout au long de l'année, et osent dire ensuite lorsqu'ils viennent à la campagne, le week-end ou en vacances, qu'ils retrouvent la vérité d'une existence, sont au mieux des schizophrènes, au pire des hypocrites. Si la province est la vérité, pourquoi n'y résident-ils pas trois cent soixante-cinq jours par an ? »

Tous, d'une même voix, dénoncèrent aussi le « charcutage », le « tripatouillage » qui avait été fait, depuis Paris, pour créer les nouvelles régions de France, ce découpage territorial qui nie les différences, les subjectivités, les paysages, la géologie, la géographie, l'histoire !

« Ils ne veulent plus d'identité ! Identité régionale, identité nationale... Il faut nous déraciner ! »

J'osai demander qui était ce « ils ». Le philosophe me répondit : « C'est le capitalisme ! Le capitalisme est sans frontière, sans nation, sans pays. Il veut juste vendre. Vendre un maximum de choses à un maximum de personnes. Il ne faut pas considérer les gens en qualité de citoyens, encore moins en Bretons ou en Corses ! Il faut transformer les gens en chose… les chosifier. »

Nous restâmes longtemps à table, sans voir le temps passer. Vers 16 heures, il fallut faire sortir le chien de la mère de Michel Onfray. J'accompagnai volontiers cette femme au physique solide et rugueux dans cette promenade autour de l'église.

La souffrance qu'elle a infligée à son aîné, Mme Onfray n'a jamais voulu la reconnaître. Cette dénégation, cette mauvaise foi à ne pas admettre ce qui s'était passé au cours de l'enfance de son fils est une souffrance qui perdure aujourd'hui chez Michel Onfray. Il accepte néanmoins que ce déni de vérité soit la réponse d'une personne qui refuse d'accepter une image d'elle-même qui ne lui convient pas. Le philosophe en a gardé un rapport très entier à la vérité, ne supportant pas le mensonge. Il a cherché longtemps une figure littéraire qui lui permettrait d'aborder cette question. Il l'a trouvée, croit-il, dans le roman de Cervantès, avec Don Quichotte, ce gentilhomme de la noblesse espagnole qui a lu tellement de livres de chevalerie qu'il en perd l'esprit, partant lui-même combattre le mal à travers l'Espagne, et trouvant sur sa route des géants (à moins que ce ne soient des moulins à vent) et des armées en bataille (sauf si ce n'étaient que des troupeaux de moutons)… Don Quichotte, me dit-il, « c'est ma mère ! ».

Michel Onfray a traversé plusieurs fois, dans sa vie, de longues périodes sans la voir. Jusqu'à dix ans, pour la plus longue de leurs séparations. Ils sont aujourd'hui réconciliés. Cette dame âgée, devenue bien fragile, son fils veut désormais la protéger.

Michel Onfray nous rejoignit sur la place de l'église. Il venait me rappeler que nous devions songer à partir pour la gare si je ne voulais pas manquer mon train.

Avant de retourner vers sa maison, il me montra un coin de la place pour me confier que son père était mort là, un soir de 2009. Ils s'étaient arrêtés pour regarder le ciel et leur étoile, celle du Berger. Avec beaucoup d'émotion, il me raconta la scène : « Mon père me dit : "Il faut que je me mouche." Il sort son grand mouchoir à carreaux. Pendant qu'il se mouche, je regarde le ciel et lui dis : "On ne verra pas notre étoile ce soir, papa." Et mon père me répond : "Oui, ce soir le ciel est couvert." Cela a été sa dernière phrase, il est mort, debout, d'un seul coup, tombant dans mes bras. Mon père est mort en ma présence, comme une espèce de cadeau. Comme un arbre mort qui serait resté enraciné sur cette place de l'église qu'il aimait tant. Ses beaux yeux bleus regardaient ce ciel qui n'avait pas laissé paraître ce soir-là l'étoile polaire. Je me suis senti d'un seul coup investi d'une force terrible, comme s'il me donnait la vie. J'ai été le plus riche des hommes à cet instant. Cette force qui a été celle de mon père toute sa vie, il me l'a transmise ce soir-là. »

Comment ne pas être touchée par l'évocation d'une telle séparation, à la fois douloureuse, brutale, mais si douce ?

Je quittai Chambois avec reconnaissance. La journée me laissait une impression forte. Je saluai tout le monde avec la promesse chaleureuse de nous revoir.

« Dépêchons-nous, s'empressa Michel Onfray, ou vous allez vraiment manquer votre train ! Il faut vingt bonnes minutes pour arriver à la gare. »

7

Sur le trajet de retour vers la gare, j'évoquai Jean-Paul Enthoven. Je n'avais pas prémédité de parler de lui, mais peut-être, en me dirigeant vers la capitale, avais-je envie d'un contre-pied à cette journée provinciale.

Sa réaction fut sans détour : « Cet homme me poursuit de sa vindicte depuis quinze ans et ne cherche que des occasions pour me salir. »

Le sujet était donc définitivement entouré de barbelés. J'avais évidemment en mémoire la maison qu'il fallait « emmurer », cette vie de province à laquelle Onfray aurait dû renoncer au moment où les premiers succès sont arrivés. Du reste, j'imaginais assez bien Jean-Paul Enthoven tenir de tels propos. Nous connaissons tous ces ingénieux atlas qui relativisent la vision du monde en redessinant le globe à partir d'un seul point : pour un Indien, par exemple, l'Inde est au centre de la mappemonde, et le continent européen, un lointain point à l'horizon. L'Inde d'Enthoven, c'est Paris. En dehors de la capitale, point de salut, point de succès ou de vie heureuse. Toute autre géographie n'est que *décentrement*.

Michel Onfray appuya sur l'accélérateur, non pas de sa Jaguar qui ne manquait pas de puissance, mais de son circuit mental, pour terminer son propos sur Jean-Paul Enthoven avec force : « Vous savez, dans ma vie, des personnes ont rendu possible ce que je suis devenu. Je pourrais vous en dresser la liste. À commencer par mon père ou mon ancien professeur, Lucien Jerphagnon. Enthoven a fait partie de ceux qui m'ont donné ma chance, c'est vrai. Sans me connaître, il m'a édité. Mais je sais aussi tout ce que je ne lui dois pas. Je connais les sentiments ambigus qu'il a toujours eus à mon endroit. Les relations qu'il a avec les autres sont à mes yeux faites de pseudo-bons offices, mais surtout d'une combinaison d'intérêts et d'ambitions... Tout ça ne m'intéresse pas. Il vous dirait sans doute qu'il a été plus que mon éditeur, que nous avons été amis. Mais c'est faux ! Les amis ne se mentent pas. Jean-Paul Enthoven n'a jamais été mon ami. Jamais ! Quoi qu'il puisse vous dire. De toute façon, chez cet homme, l'absence de sincérité est une pathologie. Il ne faut rien croire qui sorte de sa bouche. Ce fut un éditeur, qui a fait son travail d'éditeur avec moi, rien de plus. »

J'eus l'impression que Michel Onfray ne s'adressait plus vraiment à moi. Ces mots, sur l'amitié, aurait-il voulu les dire à Jean-Paul Enthoven en personne ? Même s'il s'en cachait, une blessure était là. Il abhorrait cet homme, qui lui aurait proposé, avec les prémices de la notoriété littéraire, d'opter pour l'élégance des parvenus, ceux qui trahissent leur milieu d'origine, social et géographique.

Nous étions devant la gare. Sur le point de quitter la voiture, une pensée me vint : « Vous connaissez cette phrase de Degas à ceux qui lui prodiguaient des conseils pour “réussir” : “Vous, vous êtes arrivés, mais dans quel état !” ? »

Michel Onfray était rassuré : j'avais compris. Je l'embrassai et lui dis au revoir.

8

« Tu as lu *Le Misanthrope* ?

— Il y a longtemps. »

Thierry déclama, avec cette mémoire des grands textes que je lui connaissais : « “Monsieur, c’est trop d’honneur que vous me voulez faire. / Mais l’amitié demande un peu plus de mystère.” Voilà, reprit-il, ce que Molière fait dire à Alceste pour qu’il riposte à Oronte, l’amant de Célimène et bouffon des lettres qui cherchait la fréquentation des gens célèbres pour se frayer un chemin parmi les petits marquis de la cour de Versailles !

— … si tu convoques Alceste et Philinte, je devine où tu veux en venir, répliquai-je.

— Tu as compris, en effet. Je retrouve chez Molière tes deux personnages : Michel Onfray est Alceste, et Jean-Paul Enthoven, Philinte… Alceste le puriste ne veut faire aucune concession au commerce des hommes qu’il abomine ; et Philinte, lui, est disposé à tempérer ses exigences afin de pouvoir vivre en société. À la moindre anicroche, Alceste dégaine : “Moi, votre ami ? Rayez cela de vos papiers.”

— Pour tout te dire, enchaînai-je, j'aimerais bien maintenant avoir la version de Jean-Paul Enthoven.

— Qu'est-ce qui t'en empêche ? me demanda Thierry, bien calé dans la profondeur de son fauteuil.

— Je ne vais pas faire le pied de grue au *Rouquet* en espérant le revoir…

— Non, mais tu peux lui écrire et lui demander un rendez-vous.

— S'il déteste Onfray autant qu'Onfray le déteste, je le vois mal accepter de me rencontrer.

— Tu te souviens de Thomas Villeau, à Nanterre ? Il était étudiant la même année que toi.

— Pas du tout.

— Peu importe. Thomas Villeau avait choisi un sujet de mémoire sur Pierre Bérégovoy, cet ancien ouvrier qui a gravi tous les échelons avec François Mitterrand, jusqu'à devenir son Premier ministre. Bérégovoy est retrouvé mort le 1er mai 1993, gisant sur la berge d'un canal près de Nevers. Il s'était tiré une balle dans la tête.

— Oui, je m'en souviens très bien. Pierre Bérégovoy était au centre de plusieurs polémiques, liées à des affaires, notamment l'existence d'un prêt contracté à taux zéro auprès d'un certain Pelat, un proche de François Mitterrand, accusé de corruption…

— C'est ça.

— Mais pourquoi me parles-tu de cette affaire ?

— J'y viens : après la mort de son mari, la veuve de Pierre Bérégovoy et François Mitterrand ne se voyaient plus. Quand Thomas Villeau a commencé à travailler sur son mémoire, il a demandé à voir Mitterrand, qui a accepté de le recevoir. Et sais-tu pourquoi un ancien président de la République s'est intéressé à un jeune étudiant en maîtrise d'histoire ? Uniquement parce que dans sa lettre de demande de rendez-vous, il avait mentionné les échanges qu'il avait eus avec Mme Bérégovoy. En fait, Mitterrand voulait savoir ce qu'elle disait de lui. Et quand Thomas Villeau a été reçu par Mitterrand, la veuve de Pierre Bérégovoy a souhaité, elle aussi, à son tour, savoir ce que le Président avait dit sur son mari. C'est comme ça que Thomas Villeau, à 20 ans, s'est retrouvé à faire plusieurs navettes entre François Mitterrand et Mme Bérégovoy, alors qu'ils ne se parlaient pas. Il a bénéficié – et son mémoire avec lui – de la curiosité et de la suspicion que ces deux-là avaient l'un pour l'autre.

— Si je comprends bien, tu me conseilles d'écrire à Enthoven pour lui dire que j'ai beaucoup parlé de lui avec Onfray… et tu penses qu'il y a de bonnes chances, ainsi, qu'il accepte de me revoir ?

— C'est exactement ça ! »

Je suivis le conseil de Thierry et écrivis à Jean-Paul Enthoven, chez Grasset, avec un bref historique de mes échanges avec son ancien auteur.

L'hameçon fonctionna ! Thierry avait eu raison ! Jean-Paul Enthoven me téléphonait, peu de temps après l'envoi de ma missive, et me proposait une rencontre avec ces mots : « Michel Onfray, c'est une histoire douloureuse pour moi. Je veux bien vous en parler, mais je ne veux pas non plus revenir exagérément sur notre relation. C'est du passé, vous comprenez. Je serai factuel, uniquement factuel. Je vous propose de venir chez moi, nous y serons plus au calme pour bavarder. »

Je ne souhaitais pas agir dans le dos de Michel Onfray et l'avertis de ce rendez-vous, sans lui en donner la date précise, pour ne pas me sentir contrainte de lui devoir un rapport immédiat. À l'instar de Mitterrand avec mon ancien camarade de faculté, Onfray me répondit : « Je suis curieux de ce qu'il vous dira… »

9

L'appartement de Jean-Paul Enthoven se situe dans une impasse cossue, en retrait de la rue et en bordure d'un parc parisien. Pas un bruit, nous sommes à l'abri des regards, loin de l'agitation urbaine. De jolies façades d'immeubles et d'hôtels particuliers de la fin du XIXe siècle. Un décor où seules des personnes fortunées, très fortunées, vivent.

Après avoir composé tous les codes nécessaires à assurer la sécurité des lieux et sonné à l'interphone pour m'annoncer, je me suis retrouvée dans une entrée recouverte d'élégantes boiseries, au pied d'un escalier aux beaux volumes.

Au premier étage, un majordome à l'impeccable veste blanche se tenait droit et m'attendait dans l'encadrement d'une porte, la seule du palier. Il me fit entrer dans l'appartement avec courtoisie, m'invitant à le suivre. Je n'eus pas vraiment le temps d'être impressionnée par cet accueil, parfait de sophistication, mais qui paraissait tellement naturel dans l'atmosphère proustienne de cette impasse et de cet immeuble. Je ne connaissais évidemment pas les voisins de Jean-Paul Enthoven, mais j'imaginais, pour rêver, des noms à particule faisant encore salon, chez eux, dans un esprit mondain et cosmopolite. Je fus conduite par le majordome dans une vaste pièce donnant sur le parc, d'où montaient, par les fenêtres ouvertes, des bruits de jeux d'enfants.

Ce salon était un lieu singulier, tel que je n'en avais jamais vu. Je ne saurais dire s'il me plaisait ou non. Le Second Empire se dessinait encore dans la très belle hauteur sous plafond, les lambris de boiseries anciennes recouvrant les murs et les portes, et la vaste cheminée de marbre blanc. Toute cette pièce était très colorée, avec une dominante de rouge et de vert, et richement chargée d'ornements baroques qui la rendaient insaisissable. On m'invita à m'asseoir sur un long canapé de style Empire recouvert d'un imprimé léopard ; il avait été placé devant une impressionnante tapisserie flamande du XVIIe siècle, accrochée de toute sa hauteur au mur, représentant une scène biblique : deux boucliers étaient présentés à un roi… peut-être s'agissait-il de Salomon, réputé pour sa richesse et sa sagesse ? Cette association pour le moins singulière d'époques, de styles et de motifs, donnait le ton de la pièce. Il y a, en effet, des appartements bourgeois où rien ne trahit une grande originalité. Les meubles, les tentures, les tapis, les consoles, sont attendus, et même convenus. Ici, l'impression était inverse : tout surprenait, rien n'était austère ou conventionnel. Extravagant, excentrique, en même temps que luxueux, voilà ce que l'on pouvait penser de cet appartement dont j'imaginais aussi les dimensions généreuses, à la vue de cette seule vaste pièce – 200, 300, et peut-être même 400 mètres carrés… Julien Sorel ou Rubempré auraient pu piaffer, chez Balzac et Stendhal, d'accéder ici au monde bienheureux des riches.

Sur une petite table basse, à côté du canapé, avait été préparé un plateau en argent sur lequel étaient disposés une tasse, un verre, une petite bouteille d'eau ainsi qu'une serviette. Le majordome, avant de s'éclipser, me demanda si je souhaitais du thé ou du café et, comme dans une pièce de théâtre, son départ, par une porte, correspondit à l'arrivée, par une autre, de Jean-Paul Enthoven.

Comme toujours, habillé de clair et affichant une mine étincelante, l'éditeur se montra d'emblée cordial et détendu. Sans la méfiance que j'avais pu craindre, ce qui facilita mes premières questions sur sa rencontre avec Michel Onfray.

« Je suis tombé, me dit-il, sur ce jeune homme très provincial, qui n'avait même pas d'argent pour payer son billet de train pour venir me rencontrer à Paris. Il y avait en lui, à cette époque, une forme de pureté, de candeur, d'innocence, de gaucherie aussi... et puis, le premier livre, que j'ai défendu chez Grasset, qui hésitait à le publier[1]. »

Michel Onfray m'avait parlé de son arrivée à Paris, une ville, m'avait-il dit, qui n'existait même pas à ses yeux, qui n'était pas faite pour un *enfant de pauvre*, comme lui. Il m'avait confié avoir ressenti lors de ses débuts la peur de ne pas être à la hauteur de ce qu'il lui arrivait.

Le rôle de Jean-Paul Enthoven se devinait facilement : il l'avait rassuré, accompagné et initié aux arcanes parisiens. Un patronage, fidèle à son rôle d'éditeur. Il ne pouvait pas laisser l'un de ses auteurs se confronter seul à un monde qu'il ignorait, surtout quand il s'agissait du féroce théâtre des lettres. D'autant que Jean-Paul Enthoven était certain de tenir, avec ce jeune professeur de philosophie, un phénomène éditorial. Face au comité de lecture de Grasset qui hésitait à publier un inconnu venant de nulle part, Jean-Paul Enthoven leur avait dit : « J'en suis sûr, il faut le publier ! Il va plaire à Pivot ! » Tout cela, je le savais.

1. Entretien avec l'auteure, le 24 mars 2021.

Jean-Paul Enthoven me livra alors des détails supplémentaires. Il se rappelait notamment l'ajout qu'il avait demandé à Michel Onfray pour ce premier livre : « Il m'avait assez vite raconté sa vie. C'était du Zola. Je lui ai suggéré de rédiger un prologue autobiographique au livre. Tout y était évoqué : l'enfance, le père, la mère, le pensionnat, l'infarctus… »

Grâce à l'intuition de son éditeur, le ton de Michel Onfray, celui qui fit son succès, fut donc posé dès ce premier ouvrage, avec une heureuse alliance d'autobiographie et de pensée philosophique.

Soutenue par la grande maison Grasset, commença alors une vraie carrière littéraire, avec des passages à la télévision, des articles de presse élogieux et une fréquence de parution d'un livre par an qui installa rapidement le philosophe dans le paysage des auteurs publiés et reconnus. Ses deux livres suivants furent sélectionnés pour le prix Médicis de l'essai, qu'il finit par obtenir, cinq ans après la parution de son premier ouvrage. Jean-Paul Enthoven avait donc misé sur le bon auteur, et réussit, en peu de temps, à en faire un philosophe connu.

« Lors des premières interviews, des premiers plateaux de télévision, des premières sorties dans Paris, Michel ne connaissait pas les codes et les usages de ces milieux, sourit Jean-Paul Enthoven, après avoir déroulé la chronologie de leurs débuts. J'ai essayé de les lui transmettre. J'ai essayé aussi, en ami, de lui donner des conseils, vestimentaires ou sur le savoir-être dans cette société parisienne qui lui était étrangère. J'ai vu son ambition se réveiller, parce que son orgueil était piqué par une ignorance qui le mettait en état d'infériorité. Cette ambition s'est exercée sur son terrain de prédilection : l'écriture. Cet homme écrit plus que n'importe qui. Personne ne peut rédiger, comme lui, 50 pages en une nuit, ou un livre entier en une semaine. Personne ! C'est une forme de virtuosité... »

Je l'interrompis : « D'où vient, selon vous, sa capacité exceptionnelle d'écriture ? »

Jean-Paul Enthoven soupira.

« J'ai une hypothèse existentielle, lâcha-t-il. Depuis qu'il a failli mourir de son infarctus, à 28 ans, je pense qu'il vit dans la hâte d'achever les choses. Mozart était comme cela, James Dean... Une espèce d'urgence à créer. Et puis, Michel a une écriture qui ne recherche pas le style. Quand il écrit, c'est un robinet qui s'ouvre. Vous n'avez pas de style, mais une grâce, et une cohérence. Dès le premier texte, tout était structuré de la même façon. Simple mais efficace. Mais publier, depuis tant d'années, trois ou quatre livres par an, comme il fait, c'est trop !

— Si les lecteurs le suivent... objectai-je.

— C'est confus, ce n'est pas bien. Pour moi, ce n'est pas travailler sérieusement...

— Vous avez essayé de contrôler cet appel d'écriture ?

— J'ai passé mon temps à cela. Je lui disais : "Vous êtes fou !" Mais il avait tellement l'impression que le système allait le freiner – alors qu'il était déjà devenu un enfant chéri du système. Il écrit sous l'effet, aussi, d'une paranoïa.

— Il n'avait peut-être pas tort. Après l'ascension médiatique sont venus les déboires, lui rétorquai-je, avec son livre sur la psychanalyse. Il s'est attaqué à Freud, en parlant de lui comme d'un faussaire, et de la psychanalyse comme d'une supercherie ou d'une escroquerie. D'après lui, Freud a falsifié ses données, menti, trompé sciemment, fabriqué des cas, inventé des guérisons qui n'ont jamais eu lieu. Il le présentait dans son livre comme n'étant motivé que par l'argent… Certains journalistes ont présenté l'ouvrage comme une boucherie, un dépeçage. Il s'est attiré l'ire du monde de la psychanalyse et, avec elle, celle de bon nombre d'intellectuels et d'universitaires. Il a commencé à être critiqué, malmené, dans la presse.

— C'est exactement ça, acquiesça Enthoven. Ce livre a évidemment secoué, bousculé. Mais on déconstruit tout, en matière politique, religieuse… pourquoi on ne ferait pas ce même travail avec la psychanalyse et avec Freud, sa figure mythique ? Michel a été courageux avec ce livre, je l'ai toujours dit. Mais ce retentissement dans la sphère médiatique, dès la sortie de l'ouvrage, Michel l'a très mal vécu. Cette paranoïa, dont je vous parlais, s'est exprimée, après, sans plus de limite. Si Michel Onfray était là, il vous dirait : “Ma pensée dérangeait ! Elle dérangeait les élites, les nantis.” Non, sa pensée ne dérangeait personne. Rien ne dérange personne à Paris. Tout fait ventre, tout fait presse ! Paris est capricieux et mondain, vous savez, il n'y a pas de rationalité à l'œuvre dans tout ce qui s'y passe. Il ne faut pas s'indigner de tout, tout le temps, et se sentir pestiféré, à moins de vouloir devenir fou. »

À cet instant, le timbre de la voix de Jean-Paul Enthoven devint plus sombre, comme pour marquer le contraste avec ce qu'il m'avait dit jusque-là : « En tous les cas, ce livre a marqué un tournant : Michel Onfray n'a plus voulu que je sois son éditeur pour les ouvrages qu'il a écrits ensuite, alors que je l'avais beaucoup soutenu tout au long de cette polémique. Cela m'a fait quelque chose de le voir partir. Je n'ai jamais eu de pensée *parochial*[1], comme disent les Anglais, ce n'est pas tant qu'il parte dans une autre maison d'édition

1. Paroissial.

qui m'a attristé, je me fiche des entreprises, ce sont les relations humaines qui m'intéressent. Et là, notre amitié s'est perdue et transformée même, de son côté, jusqu'à la haine. Pourquoi me déteste-t-il aujourd'hui à ce point ? Je ne sais pas. Voltaire disait : "L'amitié est le mariage de l'âme, et ce mariage est sujet au divorce." Il vient, en effet, un moment où les intérêts se contrarient, où les hommes changent de mœurs ou d'opinion… C'est ce qui nous est arrivé. »

10

En écoutant Jean-Paul Enthoven, je regardais les arbres du parc. Un rayon de soleil filtrait par la fenêtre. Je me disais que Thierry avait raison. Certaines personnes laissent une image neutre : si on cherche à en souligner les contours, on n'arrive pas à durcir le contraste. Enthoven et Onfray ont en commun que tout semble en relief chez eux. L'un comme l'autre sont de vrais personnages de roman. D'un côté, le peuple, la province, avec un Michel Onfray droit dans ses bottes d'homme et d'intellectuel, aucune esbroufe ou superficialité, rien de malléable, des opinions tranchées, des sentiments parfois excessifs, un honneur qu'il lui faut toujours défendre, un physique massif dont on peut craindre un méchant coup de patte, à moins qu'il ne choisisse de vous offrir une protection à toute épreuve. De l'autre côté, un dandy, exquis, charmeur, mondain et parisien jusqu'au bout des ongles, une désinvolture affectée en bandoulière, et une perception de la vie comme un art des circonstances auxquelles il faut savoir s'adapter avec élégance. Peut-on bien se comprendre en étant si différents ? Peut-on être vraiment amis ? Cette question, concernant Onfray et Enthoven, me taraudait. Je me remémorai la phrase de Montaigne, qui évoquait son amitié avec La Boétie : « Parce que c'était lui, parce que c'était moi. » Peut-on entretenir une relation vraie, forte et durable, sans être un peu *cousins* dans la vie ?

Jean-Paul Enthoven ne me montrait-il pas plus de sensibilité que Michel Onfray, en me parlant de leur histoire ?

« Vous savez, il m'arrive d'avoir de grandes bouffées de nostalgie. J'aimais ce petit frère », me confia-t-il, en adoucissant d'un coup, avec ces paroles, toute la dynamite qui semblait entourer jusque-là le récit de leur relation.

Cette mansuétude apparaissait peu chez Michel Onfray. Elle semblait même bannie. Un jugement irrévocable était tombé sur son éditeur, d'où le doute, l'interrogation, la nuance ou tout regret d'un passé plus affectueux étaient exclus.

Chacun, me suis-je dit, avait sa lecture des événements qui les avaient réunis puis séparés. Comme souvent dans les querelles. Mais rien n'était évidemment tout blanc d'un côté et tout noir de l'autre. C'est humain, on réécrit une histoire en y mettant ce que l'on est, sa sensibilité, ses attentes, ses espoirs, ses déceptions, son vécu. Tout cela fabrique une interprétation sincère des épisodes, ou plutôt deux interprétations qui ont chacune leur vérité.

À les entendre tous les deux, j'y voyais néanmoins assez clair sur le déroulé desdits événements : un éditeur parisien, un peu snob, avait découvert les talents d'écrivain d'un jeune type provincial, qui enseignait la philosophie dans un lycée technique d'une petite ville de province ; grâce à l'éditeur, le jeune type allait se transformer en auteur, se faire connaître, être introduit dans un monde littéraire et intellectuel plutôt fermé et élitiste. Et pour parfaire cette métamorphose, le jeune auteur allait recevoir, de la part de l'éditeur, un enseignement rare : celui des usages, des codes et même des politesses élémentaires utiles à la déambulation parisienne. Des codes auxquels ce professeur atypique, quoi qu'il en dise, avait choisi, sinon de se plier, au moins de s'adapter, dans son propre intérêt.

C'est ainsi que les deux hommes avaient gravi ensemble, dans un pas de deux bien coordonné, les marches du succès. Dans cette ascension, ils s'étaient découverts indulgents et compréhensifs envers leurs différences. Cette conquête de la notoriété littéraire les avait rapprochés, puis soudés l'un à l'autre, de façon intense, et avait fait naître, contre toute attente, une affection mutuelle.

Quoi que m'en avait dit Michel Onfray, je les imaginais sans le moindre doute célébrer ensemble les premières réussites – il n'avait pu en être autrement.

Je les voyais aussi très bien discuter des prochains sujets de livres à écrire, en même temps que de leur vie. Je pense qu'ils n'ont pas hésité, dans cette relation auteur-éditeur, à tout se confier, avec la curiosité qu'ils avaient tous deux envers des mondes qui leur étaient étrangers.

Pour Onfray comme pour Enthoven, ces conversations devaient en effet ressembler à de véritables expéditions en terre inconnue : vacances, amours, maison, amis… rien ne leur était semblable. Mais la communion était là, malgré tout, elle se fabriquait et perdurait dans des échanges fréquents, dans l'expérience intellectuelle et affective qui les liait, d'un livre à l'autre.

Je sais que ces conversations, de plus en plus amicales et intimes au fil du temps, avaient souvent eu lieu à la *Brasserie*

Lipp, au 151, boulevard Saint-Germain. Onfray et Enthoven y déjeunaient, notamment après leurs séances de travail chez Grasset.

Je pense que Michel Onfray ignorait, en découvrant cette brasserie, dans les années 1990, que son premier propriétaire, un siècle plus tôt, Léonard Lipp, avait baptisé l'établissement la *Brasserie des Bords du Rhin*, en hommage à sa province perdue, à laquelle il voulait, lui aussi, rester attaché. Je suis presque certaine, en revanche, que Michel Onfray, certes drapé de sa fidélité à la Normandie, devait apprécier, à côté de son travail solitaire, de voir grandir sa notoriété parisienne, cette reconnaissance si germanopratine que l'on réserve à un auteur. N'est-ce pas celle-ci qui offre, le plus souvent, à ceux qui le recherchent, le luxe d'être reconnu et salué avec une camaraderie mêlée de déférence dans tous les cafés et restaurants de la Rive gauche qui forment un village, celui de l'intelligentsia parisienne ? Comme la *Brasserie Lipp*, ces cafés et restaurants sont en effet rassemblés dans un petit arrondissement et demi : le 6e, enrichi d'un morceau de 7e et d'un fragment de 5e.

Et du côté de Jean-Paul Enthoven, j'imagine assez bien la fierté, plus rieuse que vaniteuse, d'avoir réussi un tour de force : lui, le plus roué des éditeurs, avait rendu possible la conversion d'un provincial, ancré à son désir d'authenticité, aux vertus civilisatrices de la capitale. Battre le pavé littéraire et parrainer l'entrée dans le gotha des lettres d'un spécimen comme Onfray avaient dû distraire ce petit marquis de l'édition, plaisir démultiplié par le bonheur de voir ses chiffres de vente et sa notoriété grandir. N'avait-il pas savouré, avec une délectation cynique, sa réussite quelque peu séditieuse ?

Voilà l'histoire.

Mais l'altérité est un pays dangereux. Jean-Paul Enthoven n'avait peut-être pas compris qu'il avait conclu un marché de dupes en pensant pouvoir toujours garder un ascendant protecteur et initiatique sur son auteur. Quand celui-ci a atteint des sommets inexpugnables, leur rapport a fatalement évolué. Il s'est même inversé : c'était à l'auteur de juger l'éditeur et de décider si, oui ou non, leur relation allait durer.

Le mentor, implacablement, a perdu de son importance, son privilège est tombé. Au moment où Michel Onfray a existé de manière éclatante, par la vente de ses livres, toutes les portes de Paris se sont ouvertes sur son nom à lui et non plus grâce à l'entregent de son éditeur. Le regard protecteur de celui-ci a été alors vécu comme une condescendance persistante. Paris n'avait plus à être arrogante, à dominer la province, *à lui apprendre la vie*. Pourtant, cet enseignement avait été prodigué avec une vraie générosité, c'était du moins ce que devait penser Jean-Paul Enthoven. N'avait-il pas révélé Michel Onfray à lui-même et aux autres ? Ne l'avait-il pas sécurisé, au fil des années, par son accompagnement constant ?

À ces arguments, je pouvais presque entendre Onfray me répliquer dans l'oreille que l'ascèse du travail était de son côté à lui, tandis que son éditeur n'avait été, au mieux, qu'un amuseur, au pire, un boutiquier, un représentant de commerce dont le métier se résumerait à glaner des manuscrits au gré des repas savourés dans ce petit arrondissement et demi...

J'interrogeai Jean-Paul Enthoven sur son désir de transformer son ancien auteur, de le pousser vers une vie parisienne. Il fit un pas de côté : « Vous savez, dans le fond, je récuse l'opposition Paris-province ! Elle date du roman de Balzac ! Aujourd'hui, quand on est provincial et que l'on arrive à Paris, c'est fini. On n'écrit plus des romans comme Maurice Genevoix, Romain Rolland, avec le cousin de province et le Grandin de Paris… c'est caricatural ! Vous ne m'ôterez pas de l'idée que Michel a toujours été entre deux mondes : il était théoricien de l'hédonisme tout en vivant comme un moine janséniste, et il vivait entre la Normandie et Paris. Tout ça fait un personnage amusant. »

Je réitérai : « Vous n'avez pas voulu l'amener avec vous vers une autre vie ? »

Mon insistance trouva une réponse : « Au contraire, sa valeur marchande, c'était sa ringardise, son rôle de provincial revendiqué ! Si j'ai eu un souci dans mes conseils, c'était pour lui, uniquement. »

De l'amitié est une des dernières œuvres du philosophe Cicéron, écrite en 44 avant J.-C., juste après la mort de César, pendant les dernières années de sa vie. Dans cet ouvrage, Cicéron rapporte qu'il est difficile de maintenir une amitié jusqu'à la mort parce que les hommes changent, et que leurs intérêts peuvent diverger. Et il cite, pour exemple, les enfants, qui, écrit-il, « presque toujours dépouillent, avec la robe prétexte, les plus vives affections de leurs premières années ». Et, ajoute-t-il, « même si ces affections se conservent jusqu'à l'adolescence, il suffit alors quelquefois pour les détruire d'une rivalité d'amour ou d'une concurrence d'intérêts ; et si quelques-unes s'étendent plus loin, elles viennent souvent expirer dans la poursuite d'une même dignité. Le poison le plus funeste à l'amitié, c'est la passion de l'argent dans la plupart des hommes ; et, dans les caractères les plus élevés, la rivalité des honneurs et de la gloire : combien de fois n'a-t-on pas vu, à la suite de ces luttes d'ambition, la plus grande haine succéder à la plus grande amitié ».

Michel Onfray et Jean-Paul Enthoven n'ont-ils pas connu ces écueils ? De telles causes n'ont-elles pas produit, pour ces deux hommes, les mêmes effets, à savoir l'extinction de leur amitié, qui a fait place à une aversion quasi éternelle ?

Mais je me repose la question : une amitié durable n'est-elle pas réservée à ceux qu'une ressemblance originelle rassemble ? Peut-être, en effet, une telle amitié ne se cultive-t-elle vraiment que dans des vies et des opinions similaires ? Sans cela, n'a-t-elle pas vocation à expirer, justement, à la première difficulté ou rivalité venue ?

Michel Onfray et Jean-Paul Enthoven étaient allés, en se fréquentant, au-devant de leur exact contraire, et leur amitié s'était liée non pas sur des affinités partagées mais sur une communion d'intérêts. Celle-ci disparue, que leur restait-il ? Eh bien, je l'avais sous les yeux : un antagonisme profond. Celui des origines, finalement insurmontable ; et cet antagonisme avait viré au combat mortel auquel j'assistais, malgré moi.

Je compris tout cela, assise dans l'appartement de Jean-Paul Enthoven.

Cet homme, en guise de conclusion à notre échange, assassina définitivement son ancien auteur : « Il y a chez Michel Onfray une haine de moi, de cette maison, de ce décor. Une espèce d'allergie à ça. De peau irritée. Une haine de ce qu'il aurait pu être et qu'il n'est pas. »

Il poursuivit avec un certain pathos mêlé de gravité : « Je vais vous dire l'essentiel : entre cet homme et moi, c'est une question d'esthétique. Bien sûr, il peut parler d'un tableau, d'une musique… mais ce n'est pas dans ces moments-là que l'on va vers la beauté, c'est dans les circonstances mêmes de la vie. Et les siennes, comprenez-le bien, ne le portent pas vers ça. »

Jean-Paul Enthoven m'expliquait, sans beaucoup de détours, que son ancien compagnon de route n'avait aucun talent pour goûter les ressources que l'existence peut apporter à une nature sensuelle et à un esprit esthète. Il n'était ni l'un ni l'autre. *Enfant de pauvre*, il avait été ; *enfant de pauvre*, il restait.

« Il a tellement peur d'être contaminé, reprit-il, parce que c'est doux de vivre comme nous, vous savez. C'est plaisant. Nous avons de plus belles femmes, de plus beaux décors, de plus belles voitures, de plus belles villégiatures. La seule façon de ne pas être contaminé, c'est-à-dire tenté, c'est de dire qu'on déteste tout ça, qu'on le hait. C'est exactement ce qu'il fait. Avec moi et avec tout ce qui fait ma vie. »

Contrairement à ce que j'avais pu faire avec Michel Onfray qui avait brandi, à Chambois, lors de notre déjeuner, ce « ils » pour désigner les (méchants) « capitalistes », je n'osai pas demander à Enthoven qui était ce « nous ». Mais était-ce nécessaire ? Ce « nous » était presque une réponse à ce « ils » : derrière ce pluriel qui forme un groupe apparaissait la belle société, ceux qui, comme Jean-Paul Enthoven, savent vivre avec goût, dans de belles étoffes et de beaux décors, grâce notamment à cette connivence que l'on appelle l'argent.

Jean-Paul Enthoven me raccompagna à la porte de son appartement. J'appris que Jacqueline de Ribes était sa voisine. Mon imagination proustienne avait donc vu juste en arrivant dans l'immeuble. Figure de l'aristocratie parisienne en même temps que de la jet-set chic et internationale, cette femme connue pour son élégance, aujourd'hui âgée de 90 ans, avait organisé, pendant cinquante ans, non pas dans cet immeuble, mais non loin de celui-ci, dans un palais de famille, rue de la Bienfaisance, au cœur du 8e arrondissement, les plus grands dîners mondains de Paris. S'y côtoyaient de grandes fortunes, des couturiers célèbres, des ambassadeurs, des politiques, des artistes ou encore des écrivains. Dans les années 1960 et 1970, ce furent des personnalités mondialement connues comme Richard Burton, Elizabeth Taylor ou Ursula Andress qui fréquentèrent les grands noms de l'aristocratie française, les La Rochefoucauld, Brissac ou Luynes ; puis, dans les deux décennies suivantes, Valentino, Yves Saint Laurent, Ralph Lauren s'asseyaient aux côtés de Henry Kissinger, Valéry Giscard d'Estaing, Alain Juppé, Jean d'Ormesson ou encore Michèle Morgan… tous venaient à ces soirées organisées par Jacqueline de Ribes, exceptionnelles de raffinement, pour s'enivrer de ce Paris mondain qui ressemble à une cour princière où se mêlent influence et prestige. Une cour à laquelle on appartient grâce à son nom, son titre, son succès ou sa popularité. Une belle société qui sait se reconnaître et se retrouver. Jacqueline de Ribes était connue, à sa grande époque, pour la mise en scène somptueuse de ses dîners, qui ne pouvaient se faire sans cartons d'invitation calligraphiés sur bristol, à l'encre noire, tous réalisés par une dame scribe habitant Versailles, qui fut une des meilleures spécialistes dans ce domaine. Il se trouve que cette dame était voisine de ma grand-mère. Je connaissais donc ces belles histoires de plan de table et de maîtres d'hôtel au service d'une haute société.

Jacqueline de Ribes ne recevait évidemment plus comme elle le faisait autrefois. Elle avait quitté le grand hôtel particulier de la Bienfaisance pour vivre dans un appartement plus ensoleillé, et sans doute plus moderne. Son âge et sa santé l'obligeaient à une discipline et à une sobriété monacales, notamment alimentaire. Mais même avec un seul convive, on ne dérogeait encore jamais, chez elle, dans cet appartement voisin de celui de Jean-Paul Enthoven, à un service en gants blancs et à une table joliment mise, avec de l'argenterie ancienne et monogrammée.

Des amis *à ta porte et de ta sorte*, pour paraphraser un proverbe québécois.

11

Thierry fumait sa rituelle cigarette d'après déjeuner.

Après avoir écouté le récit de mon entrevue avec Enthoven, il me dit : « J'estime ces deux hommes, en fait. Chacun dans son style. Mais le plus intéressant, c'est peut-être quand même Michel Onfray : il est l'archétype du transfuge de classe… mais qui, contrairement à d'autres, a finalement choisi de ne pas se sauver de son milieu d'origine. L'inverse de l'écrivain Édouard Louis, qui, lui, a préparé soigneusement son évasion et l'a réussie haut la main. Tu te souviens de son livre, *Changer : méthode*[1] ? »

Je hochai la tête pour acquiescer. Il reprit : « Édouard Louis a renié très tôt ses origines populaires et a décidé de se défaire de tout ce qui pouvait les rappeler. Il l'écrit noir sur blanc : à 20 ans, il avait changé de nom, de prénom, transformé son visage, redessiné la structure de son implantation capillaire, subi plusieurs opérations, réinventé sa manière de bouger, de se tenir, de marcher, de parler et même de rire, il avait fait disparaître l'accent du Nord de son enfance…

1. Édouard Louis, *Changer : méthode*, Seuil, 2021.

Bref, il avait réalisé une métamorphose totale pour devenir un vrai bourgeois. Rebelle, Onfray, lui, n'a eu de cesse de revendiquer, avec fierté, ses origines, sans vouloir les travestir au profit d'une autre vie ou d'un système qui te somme de les abandonner. Il a refusé ce *grand passage*, d'un monde à l'autre.

— C'est vrai, répondis-je à Thierry, mais ne soyons pas naïfs : Michel Onfray n'a pas pu non plus rejeter toutes les injonctions du système, comme tu dis. Sinon, il n'aurait probablement pas si bien réussi. Son succès, il l'a voulu, et il a sans doute fait aussi ce qu'il fallait pour l'obtenir. On pourrait parler d'un arrivisme mesuré, réfléchi, et non pas absolu, comme chez Édouard Louis. On le sait tous les deux : fuir le système, tu n'existes pas ; trop bien y adhérer, tu te perds… est-ce qu'Onfray aurait finalement trouvé la bonne distance, le bon équilibre entre ces deux injonctions ? »

Je restais songeuse, à l'évocation de cette question. Parler avec Thierry de Michel Onfray me mettait en confiance. J'avançais dans mes réflexions sur le personnage, en même temps que je lui faisais part de mon observation de sa vie, et surtout de cette relation avec Jean-Paul Enthoven, qui commençait à devenir pour moi un sujet d'intérêt.

Thierry se leva de son fauteuil pour se diriger vers sa cuisine. En s'éloignant, il me proposa un café, et s'interrogea : « Il y a un personnage dont, curieusement, aucun des deux ne t'a parlé.

— De qui s'agit-il ?

— Bernard-Henri Lévy. Un modèle unique lui aussi, qui a longtemps incarné le pouvoir intellectuel. Jean-Paul Enthoven est son meilleur ami, tout Paris le sait, et Michel Onfray, son meilleur ennemi. Il y a un nœud là, il serait intéressant de le décortiquer. J'ai l'intuition que tu ne peux pas comprendre la relation entre les deux hommes sans faire entrer ce personnage dans ta réflexion. »

L'évocation du nom de Bernard-Henri Lévy me mit d'un coup mal à l'aise. L'homme représentait pour moi un terrain miné, en même temps qu'une figure jupitérienne, à la fois insondable et redoutée. Même s'il a vieilli, il fut l'intellectuel le plus influent de sa génération, proche du monde des affaires en même temps que conseiller du prince... Celui de tous les princes. Et un défenseur en vue des causes humanitaires à travers le monde. Pour moi, BHL était au sommet de bastions conquis à la force de la plume et des réseaux – des sommets et des bastions hors d'atteinte à mes yeux.

Voilà les réflexions qui m'animaient intérieurement, tandis que Thierry revenait avec une tasse de café.

« Contrairement à Michel Onfray, l'homme est connu pour son goût du secret et sa maîtrise parfaite de ses affects, me dit Thierry, en reprenant place en face de moi. Peut-être pourrais-tu trouver quelqu'un qui connaît bien ce trio, et qui pourrait t'en parler ? »

La suggestion méritait que je m'y arrête.

12

De retour chez moi, j'examinai ce que j'avais vu et entendu depuis un mois. Je voulais commencer à mettre en ordre quelques idées, à travers toutes les notes que j'avais prises.

Tant du côté d'Onfray que de celui d'Enthoven, j'avais découvert des pays à mes yeux inconnus.

À Chambois, tout d'abord. Pendant une journée, j'avais été immergée dans un village de Normandie, chaleureux et accueillant. Je n'avais pas raconté à Thierry le détail de cette journée, et j'aurais dû lui parler de Ghislain, l'ami d'enfance de Michel Onfray. Thierry et Ghislain partageaient l'amour des livres.

Ghislain m'avait été présenté comme étant le libraire de Chambois. Son échoppe n'avait pourtant rien d'une librairie, du moins de celles auxquelles mes yeux de citadine étaient habitués. Une minuscule vitrine avait été aménagée dans l'une des maisons du bourg, sur le même trottoir et à quelques numéros du domicile de Michel Onfray. Dans cette vitrine, sur une étagère étroite qui semblait brinquebalante, des livres anciens étaient maladroitement exposés.

Ghislain n'était pas un libraire tourné vers l'actualité de l'édition, mais plutôt un passionné d'incunables, de bouquins anciens, qu'il chinait durant l'année dans des foires ou salons auxquels il se rendait en faisant l'économie de tout confort, tant pour le transport que pour les nuitées passées sur place et ce, afin de dépenser le moins d'argent possible. Son apparence m'avait étonnée : cheveux et barbe foisonnants et grisonnants, tel un vrai yéti, des lunettes de grand lecteur, un regard clair qui pétillait de malice, comme celui de l'enfant canaille qu'il avait dû être, un sourire qui semblait ne rien prendre au tragique. Ghislain, le plus vieil ami. Celui qui a tout partagé avec Michel Onfray. Et celui aussi qui lui a transmis une véritable culture politique. Car à l'adolescence, c'était lui, le plus politisé des deux. Il faut dire qu'il avait été sensible, en tout bien tout honneur, au charme d'une institutrice, Monique, âgée de dix ans de plus que lui, qui travaillait dans la même école que sa mère, enseignante. Monique était une femme moderne, douce et volontaire qui incarnait les débuts du féminisme de ces années 1970, et qui avait emmené Ghislain à un premier meeting dont il était revenu militant. Avec son copain Michel, commença alors l'éducation politique, et surtout l'envie de refaire le monde. Tous les deux, à l'adolescence, s'étaient aussi liés par ce qui se passait chez eux. Ils n'étaient pas heureux dans leurs maisons respectives. Des problèmes de famille qui les soudaient l'un à l'autre.

Ghislain et Michel, à tout juste 20 ans, participèrent ensemble à une première campagne électorale. Nous sommes en mars 1979, il s'agit d'une cantonale. Le vétérinaire de droite s'oppose à l'instituteur de gauche, Émile Legris, qui est aussi animateur de colonies de vacances. En dehors de l'école, l'enseignant s'occupe des jeunes en délicatesse, avec toute l'écoute dont ils ont besoin. Il a souvent emmené Michel et Ghislain à des spectacles, dans sa vieille camionnette Peugeot J7, notamment pour aller voir Mouloudji au cinéma de Gacé – *Le Tahiti* – situé à 20 kilomètres de Chambois. Cette première expérience politique militante se solde de façon amusante : Michel et Ghislain ont acheté une bombe de peinture pour taguer au sol, sur la route, à la sortie du village, une invitation à voter en faveur de Legris, mais la bombe s'épuise avant que tout ne soit écrit, rendant l'inscription incompréhensible. L'instituteur ne fut pas élu.

En me remémorant les échanges avec Ghislain, à Chambois, je réentends, dans sa bouche, au sujet d'Onfray, le terme « petit frère ». La même expression que celle utilisée par Enthoven.

Le « petit frère » de la campagne, à l'adolescence, avec l'apprentissage de la politique ; puis, plus tard, le « petit frère » de la ville, pour le jeune auteur qui découvre Paris. Deux « grands frères » : Ghislain, le libraire, et Enthoven, l'éditeur. Les livres, toujours les livres… Mais deux mondes, si différents, entre lesquels il faut naviguer sans cesse. Ghislain, c'est l'homme lettré de la campagne, assis sur une chaise en paille, devant une petite table de cuisine, positionnée juste derrière sa vitrine, pour voir la rue du village. Il passe ainsi ses journées dans une pièce de 15 mètres carrés, tout au plus, qui fait office manifestement autant de boutique que de salon. Et Enthoven, c'est l'éditeur nanti du 7e arrondissement de Paris, qui dispose d'un vrai et noble bureau, rue des Saints-Pères, chez Grasset. Mais des deux côtés, des livres…

Quelle ne fut pas ma surprise lorsque Ghislain m'invita, avant de nous mettre à table pour partager le déjeuner à Chambois, à visiter sa réserve… Je m'attendais à tout sauf à ce que je découvris ! Il me conduisit en effet dans un champ, situé à quelques dizaines de mètres, à la sortie du village. Un champ non cultivé – un terrain vague, à vrai dire. Et il m'indiqua qu'à cet endroit se trouvaient autrefois les anciens bâtiments de la fromagerie, poumon économique du village, ensuite rasés, laissant une vaste parcelle revenue depuis à la commune. Or, trois grands bungalows de chantiers, type Algeco, étaient posés au milieu du champ. Ghislain les pointa du doigt pour m'indiquer ses stocks. Une fois à l'intérieur, je vis, sur des mètres et des mètres de rayonnage, des ouvrages par centaines, peut-être même par milliers. Tout l'espace des Algeco était empli de livres de toutes sortes.

« C'est ici que j'emmène ce que j'achète, me dit avec simplicité Ghislain. Je dépose les livres par terre, dans cette première pièce, puis je les trie et les range ensuite dans les rayonnages. »

Ghislain m'entraîna dans les allées des Algeco, basses de plafond, mais impressionnantes par leur longueur.

« Ici, tu as les polars, là, les livres de poche. Je vais t'emmener dans la pièce Histoire, et au fond, tu verras la pièce Littérature. »

Une vraie bibliothèque, riche de milliers d'ouvrages, au milieu de nulle part ! Cet homme avait passé sa vie à amasser, laborieusement mais avec passion, toutes ces publications, qui semblaient bien être sa seule richesse matérielle. Et celle-ci était entreposée de façon brute, sommaire, dans un modeste préfabriqué, sans la moindre recherche esthétique. Cette recherche si chère à Jean-Paul Enthoven, amoureux des belles choses, comme il me l'avait dit, chez lui, dans ce salon si soigné et richement décoré qu'il n'avait pas manqué de me montrer d'un geste de la main, pour illustrer ses propos. J'imaginais bien, quelque part, dans ce vaste appartement parisien, une bibliothèque, occupant toute une pièce, avec des étagères d'un bois foncé qui montaient, avec de nobles hauteurs, du sol jusqu'aux moulures du plafond. Pas de livre d'occasion dans cette bibliothèque, mais de belles éditions reliées…

Évidemment, aucune bibliothèque ne reflète ni ne donne la mesure d'une vie heureuse. Elles ne sont que des porteuses de livres, me suis-je dit… comme les hommes, écrivait quelque part Marivaux, sont seulement des porteurs de visages. Peut-être faudrait-il d'ailleurs pouvoir délacer les visages comme on détache un masque. Si Thierry était à côté de moi, ne me soufflerait-il pas que ma tâche était peut-être là : délacer le visage de tous mes protagonistes, que seuls les livres – toujours les livres – paraissent réunir ?

13

Au milieu de mes réflexions, je pris conscience que, quelques mois auparavant, une autre bibliothèque m'avait également frappée : celle de l'écrivain et académicien Marc Lambron, que j'avais rencontré dans son appartement du 5e arrondissement de Paris. J'étais allée à sa rencontre, comme je l'avais fait, à l'origine, avec Michel Onfray, pour parler à un provincial *monté* à Paris. Les deux hommes sont de la même génération, nés à la fin des années 1950. L'un est normand, l'autre rhônalpin. D'un côté, un village, Chambois ; de l'autre, une métropole, Lyon.

Marc Lambron, comme Michel Onfray, arrive dans la capitale au moment de ses études supérieures. Nous sommes en 1976, il a 19 ans et intègre le prestigieux lycée Henri-IV, en année de khâgne. Depuis sa chambre d'internat, m'avait-il raconté[1], il voit le dôme du Panthéon, avec le cénotaphe national : « Aux grands hommes, la patrie reconnaissante ». Une arrivée à Paris, lui avais-je rétorqué, telle que le XIXe siècle savait les raconter, avec notamment

1. Entretien avec l'auteure, le 4 janvier 2021.

l'un de ces fameux personnages balzaciens, devenu un nom commun, *Rastignac*. Qui ne connaît pas son fameux défi à Paris, « À nous deux maintenant ! », qui clôt *Le Père Goriot*, et son désir, commenté par Vautrin dans le même roman, de « Parvenir ! Parvenir à tout prix » ?

Marc Lambron m'avait alors interrogée, avec l'air vif et allant de l'académicien prêt à faire cours : « Vous souvenez-vous du prénom de Rastignac ? »

J'avais dû avouer que non.

« C'est drôle, chacun sait que Rubempré s'appelait Lucien, mais qui se souvient que Rastignac se prénommait Eugène-Louis, ce "gentleman qui sait le jeu" ? me dit-il, en citant Balzac.

— Le jeu que propose la société, et qui est la matière même de *La Comédie humaine*... Un jeu que vous avez vous-même découvert en arrivant à Paris ? » lui avais-je demandé.

Nous étions alors assis tous les deux autour d'une grande table, recouverte d'une nappe rouge, aux motifs jaunes, peut-être provençaux, dans mon souvenir. Nous nous étions fait une petite place au milieu de nombreux papiers. Marc Lambron travaillait manifestement là tous les jours. Cette table était longue, on l'imaginait prête à recevoir des amis pour déjeuner ou dîner puisque plusieurs chaises étaient disposées tout autour. Mais la véritable présence, dans cette pièce, était celle des livres. Une bibliothèque, assez sobre dans sa facture, ni bourgeoise ni prétentieuse, recouvrait les murs de ses étagères peintes en blanc. Le plus étonnant se trouvait dans un angle, près de l'une des deux fenêtres de la pièce : au fil des mois et peut-être même des années – je ne saurais dire combien – s'était édifié là un amoncellement de livres, posés au sol, formant des piles, très nombreuses, toutes penchées, comme autant de tours de Pise, qui ne tenaient debout que grâce au soutien qu'elles s'apportaient les unes aux autres. Cette montagne d'ouvrages, aux multiples sommets, devait bien atteindre une hauteur moyenne d'un mètre cinquante, et occupait peut-être deux ou trois mètres carrés de la pièce, autant dire une vraie place. Des centaines de livres, donc, à l'équilibre incertain, et dont la lecture était, de fait, rendue quasi impossible : en attraper un, c'était se prêter au jeu de mikado, son retrait aurait menacé d'effondrement l'ensemble de la construction, improbable et impressionnante. Dans une foire d'art contemporain, on aurait pu parler d'une véritable œuvre et chercher le message voulu par l'artiste, qui aurait savamment travaillé cet empilement. Je trouvais d'ailleurs celui-ci assez esthétique. Les formats et les couleurs se mélangeaient avec une joyeuse fantaisie. Une esthétique qui reflétait aussi une certaine liberté intellectuelle : à quoi bon classer, ranger livres et savoirs ? Tout cela n'était-il pas à l'image de Marc Lambron, finalement ? J'étais, en effet, dans le bureau d'un écrivain atypique, qui n'avait terminé ses études qu'à l'âge de 28 ans, après un parcours impressionnant, où chaque case de l'excellence à la française avait été cochée : classes préparatoires, Normale sup, reçu premier à l'agrégation de lettres, puis, ensuite, Sciences Po, et enfin, l'ENA. Il s'en était expliqué, avec la modestie de ceux qui jouissent d'un talent supérieur : « J'ai continué mes études par une sorte de paresse : je ne voulais pas avoir tout de suite une raison sociale… » Notre discussion, dans cet appartement parisien de l'île de la Cité, m'amenait à entendre et à jouir d'une profusion de références, de citations, de traits d'esprit en même temps que de souvenirs.

Marc Lambron répondit ainsi à ma question, sur son arrivée et sa découverte de la capitale : « J'ai pris Paris comme une sorte de flipper : on fait rouler une bille et ça tilte de partout… La politique, les affaires, la vie intellectuelle et artistique, Paris est à la fois un concentré et un multiplicateur de possibles. Encore aujourd'hui, d'ailleurs, je n'ai pas épuisé la cybernétique de cette ville, avec toutes les options qu'elle offre. Paris, pour le jeune étudiant que j'étais et encore pour l'homme que je suis devenu, est un grand parc d'attractions, et je m'y amuse beaucoup, c'est vrai. »

Marc Lambron se raconte, lui aussi, mais d'une façon différente de celle d'Onfray. Par deux fois, il a publié le journal qu'il a tenu quotidiennement au long d'une année : le premier, en 1997, année où il a manqué le prix Goncourt, il avait 40 ans ; le second, en 2017, il avait alors 60 ans et Emmanuel Macron était élu président de la République pour la première fois. Dans ces deux opus, on découvre un intellectuel qui travaille et produit beaucoup. Des livres autant que des articles, qui le font commenter les mouvements de l'actualité politique mais aussi saisir, avec l'art du portrait, qu'il rend toujours savoureux, des femmes aux allures *people*, Kate Moss, Sophie Marceau ou encore Arielle Dombasle… Car Marc Lambron n'est pas l'intellectuel qui vit, à l'instar de Michel Onfray, loin du bruit joyeux des mondanités parisiennes. Il apprécie, à l'image du Rastignac de Balzac, les jeux de société et les danses de salon. Ici, on le retrouve à une première projection de film ou à la générale d'une pièce de théâtre. Là, il est invité à l'inauguration d'une exposition ou à une réception dans un ministère. À l'heure du déjeuner ou du dîner, on le voit régulièrement s'asseoir à la table de restaurants branchés ou connus, en compagnie de personnages qui le sont tout autant. Ses deux journaux publiés font ainsi le récit quotidien de ces lieux visités et de ces moments partagés avec des amis, amis qui appartiennent tous à ce microcosme littéraire et artistique qui fait si bien société à Paris.

Et qui croise-t-on, au détour de ces pages ? Jean-Paul Enthoven, puisque Marc Lambron est aussi un auteur de Grasset. La rue des Saints-Pères lui est donc également familière. Mais on y retrouve aussi Bernard-Henri Lévy. À lire Marc Lambron, on comprend que les trois hommes se connaissent bien. Ils sont là, les uns pour les autres, à chaque moment important. Leur existence se ressemble trait pour trait. Le carnet de leurs amitiés – acteurs, réalisateurs, écrivains, journalistes, politiques – est le même. Et leur agenda parisien se ressemble, quand il ne se confond pas pour leur permettre de se retrouver au même moment au même endroit.

Marc Lambron m'avait dédicacé son journal de l'année 2017, le jour où j'étais venue le voir. Il m'a suffi de le feuilleter pour le constater. Pour la journée du 23 février, il écrit, par exemple : « Projection au cinéma Saint-Germain-des-Prés de *La Bataille de Mossoul*, le documentaire de Bernard-Henri Lévy pour Arte. Du beau monde, très Paris-Paris et plus. Ouvrez le ban : Véra et Milan Kundera, Roman Polanski, Jean-Pierre Kalfon, Danièle Thompson, Romain Goupil, Vincent Darré, Farida Seydoux, les Fasquelle, Diane Mazloum et Manuel Carcassonne, les Orban, Caroline Champetier, Nicole Avril et Jean-Pierre Elkabbach, Emily Aubry, Cécile et Nicolas Guilbert, Harlem Désir, Eric Ghebali, Jérôme Clément, etc. [...] Depuis toujours, depuis son premier voyage au Bangladesh, Lévy cherche l'incarnation d'un islam positif qui le rassurerait sur le genre humain. [...] En tous les cas, il a appris, depuis l'époque de *Bosna !*, où Izetbegović jouait le rôle du bon imam, à modérer ses emphases. Peu présent à l'image, moins malrucien, plus Schoendoerffer. C'est ce qu'il faut faire[1]. »

Le récit de ce 23 février ne s'arrête pas à cette projection. Marc Lambron enchaîne celle-ci avec un souper et prolonge ainsi son récit : « Dîner avec Delphine chez Lipp. Tant qu'à faire, droppons encore des names : à la table numéro un, Sophie de Closets avec François Gibault, Arthus Dreyfus et deux garçons. À la table voisine, Nicole Avril et Jean-Pierre Elkabbach en compagnie d'amis, les Madars. Arrivent plus tard, pour dîner en tête à tête, Thierry Frémaux et François Busnel, le présentateur d'émission littéraire auquel Fabrice Luchini, insinuant qu'il noie sous le miel chacun de ses invités, avait lâché il y a quelques mois : "Vous devriez hiérarchiser vos enthousiasmes." »

Plus de trente noms ainsi réunis dans la chronologie d'une seule journée !

Marc Lambron a-t-il pensé à ses lecteurs ? Tous ne sont pas des initiés du bottin mondain, capables d'identifier chacune de ces personnes. Mais peut-être est-ce cela, une existence rodée à l'évidence parisienne ? On ne pense même plus à « qualifier » ses petits camarades de jeux.

C'était certainement à cette vie-là, faite de réjouissantes chorégraphies germanopratines, que devait penser Jean-Paul Enthoven lorsqu'il encouragea son jeune auteur à venir s'installer à Paris et qu'il lui dit cette phrase que j'avais si bien retenue, tant elle m'avait frappée : « Votre vie, vos souvenirs, on va mettre tout cela dans une maison, on va murer

1. Marc Lambron, *L'Année du coq de feu. Journal 2017*, Grasset, 2022.

les portes et les fenêtres. Et on va vous construire une autre vie, une nouvelle vie ! »

Si Michel Onfray semblait avoir refusé cette trajectoire, Marc Lambron, lui, l'avait embrassée très tôt et sans regret : « Jeune agrégé, j'étais déjà mordu de Paris. Je ne voulais pas retourner en province. J'aimais le Maelström de la capitale, je voulais y rester ! Un effet de cliquet : ayant connu ce qu'était Paris, je ne voulais plus d'une vie de province durable. Pour moi, vivre ici, c'était surtout un usage des plaisirs, de la vie intellectuelle, une jubilation, un sentiment géographique de la ville et une ivresse des possibles. »

La biographie n'est évidemment pas la même. Marc Lambron a pu profiter très vite des plaisirs de la capitale : son milieu social, plus favorisé que celui de Michel Onfray (il est le fils d'une institutrice et d'un militaire devenu cadre des usines Berliet, fabricant de camions), le lui permettait. Moins de souffrance et de brutalité aussi, dans l'enfance. Ces douleurs secrètes qu'il faut porter avec soi dans sa trajectoire d'homme, et qui entravent, parfois. Et puis Lyon est une grande ville, alors que Chambois n'est qu'un modeste village perdu au milieu de la campagne. L'arrivée à Paris, pour ces deux hommes, ne pouvait être la même. Tandis qu'à 20 ans, Marc Lambron découvrait déjà les sorties festives et s'amusait dans les boîtes de nuit, au *Palace*, puis aux *Bains Douches*, qui venaient d'ouvrir, Michel Onfray vivait son arrivée à la Sorbonne, en DEA, « comme une princesse qui rentre dans un château », une expression qu'il avait utilisée avec moi. Le jeune Normand n'avait pas d'argent pour vivre à Paris. Il ne pouvait se payer un billet de train qu'une semaine sur deux pour se rendre dans la capitale et suivre ses cours, sa vie d'étudiant ressemblant ainsi plus à une course permanente de sacrifices et de compromis qu'à une succession de fêtes.

Je ne serais pas juste non plus si j'oubliais les paroles de Marc Lambron sur sa ville natale, à laquelle il reste malgré tout attaché, à côté de sa vie parisienne.

« De fait, m'avait-il dit, cela fait quarante ans que je vis à Paris. Mais j'ai maintenu une relation avec Lyon. Ma mère, mes cousins, des amis y habitent toujours. Quand je vais à Lyon, c'est une respiration. Une espèce de luxe intérieur. Ce pouvoir aussi d'être pluriel, d'avoir un double regard sur deux lieux, deux villes. L'un, d'une certaine façon, soigne l'autre. Je connais une sorte de posologie par alternance de lieux. Un certain rapport au temps, à la fidélité, à l'esprit d'une cité. L'électricité, la nervosité, le stress parisien… je prends mon TGV pour Lyon, et j'y retrouve un autre rythme, plus rond. Je me promène au présent dans des lieux de mon passé. Mais je les habite toujours, vous savez. Et quand je revois des amis, la conversation reprend là où elle en était.

— Comment vos amis lyonnais vous perçoivent-ils, aujourd'hui ?

— Ils me considèrent comme une sorte de chasseur de primes. Je suis allé décrocher des peaux d'âne ou des prestiges parisiens. Mais ils me regardent avec affection, et comme je ne suis pas trop ramenard, avait-il repris en souriant, ils sont heureux de notre amitié. »

Michel Onfray avait-il pensé, un jour, à ces *prestiges parisiens* qui auraient pu stimuler son orgueil ? On pouvait légitimement imaginer celui qui avait été humilié dans sa jeunesse épris de revanche éclatante, avec le désir d'obtenir des *distinctions*. Mais non, les décorations, et l'*establishment* qui les accompagnait, le laissaient froid. Il ne semblait éprouver aucun besoin de reconnaissance autre que la vente de ses livres.

« L'Académie française ? Je serais ridicule, m'avait-il dit un jour. Vous m'imaginez avec un bicorne sur la tête et un sabre qui traîne par terre ? Le prix Nobel ? Il faut être sérieux, cela ne me concerne pas. La Légion d'honneur ? Cela ne m'intéresse pas non plus. La mesure de l'honneur, pour moi, c'est de ne pas faire des choses qui auraient pu déplaire à mon père. Vous savez, quand j'ai terminé un livre, je me dis simplement que j'ai bien travaillé. Mon sentiment est celui-ci. Parce que c'est ce que mon père aurait dit : "Tu as bien travaillé. C'est du travail, c'est bien." »

Telle est donc sa table de valeurs.

Quant à Paris, avec sa grande géographie de la sociabilité et son agenda mondain, Michel Onfray m'avait certifié n'avoir accepté qu'un seul dîner de ce type dans toute sa vie. Un seul, et pas un de plus. Chez Guillaume Durand, m'avait-il raconté. Il s'était retrouvé, autour de la table, avec l'ancien ministre de la Culture Jack Lang, le publicitaire Jacques Séguéla, le chanteur Julien Clerc. Chacun d'eux était venu avec son épouse. Ce dîner avait sa justification : Michel Onfray venait d'écrire un livre sur l'art contemporain, dont est féru Guillaume Durand. L'appartement haussmannien de l'animateur de radio et de télévision, de 400 mètres carrés, est, en effet, un petit musée en lui-même. On y retrouve une flopée d'œuvres, toiles, photos, sculptures d'artistes contemporains. Une collection et un lieu exceptionnels au point d'être devenu le plus chic des plateaux de télévision, puisque Guillaume Durand y recevait, tous les mercredis, des dîners filmés par les caméras de Paris Première dans une émission intitulée *Rive droite*. Ce programme n'existait pas encore quand Michel Onfray répondit à l'invitation de l'animateur. Et naïvement, avait-il tenu à me préciser, il pensait dîner en tête à tête avec ce dernier, et non pas se retrouver avec un artiste, un publicitaire et un ancien ministre.

« Je me demandais vraiment ce que je faisais là, m'expliqua-t-il. Je ne disais pas grand-chose, même rien. À un moment, Séguéla m'a interpellé – pensant sûrement : "On va tester le provincial" – et là, j'ai tiré entre les deux yeux ! J'avais le sang chaud à l'époque. Je me suis un peu calmé depuis. Je n'avais de cesse de vouloir partir. Ce n'était pas mon monde. Ces gens-là, je ne les aime pas. Je peux les rencontrer sur les plateaux télé, mais cela ne va jamais plus loin. »

J'imaginais le philosophe lors de cette soirée, bouillir, s'agiter sur sa chaise, fixer les autres convives, avec l'envie de leur sauter à la gorge, incapable de profiter des distractions et fantaisies du repas.

J'imaginais aussi quelle aurait pu être l'attitude d'autres écrivains à cette même table... Je pensais alors à Romain Gary, pour qui j'avais aussi une grande admiration. Au moment de ses premiers succès, je le voyais très bien être là, parmi les mêmes convives, théâtral, cabotin, résolument mystificateur. Il savait d'expérience que le succès passe par la comédie, et il aurait probablement joué, à ce dîner, son rôle de nouvelle vedette de la scène littéraire avec la détermination d'un professionnel du poker. Pour lui, trop de sincérité pouvait nuire. Au talent, il aimait ajouter un peu d'esbroufe. Onfray est d'un tempérament inverse. Trop entier pour savoir dissimuler. Mais là encore, l'enfance des deux écrivains ne fut pas la même. Certes, ils eurent la pauvreté et l'anonymat en points communs, mais le jeune Onfray fut un enfant rebelle, en souffrance, notamment parce qu'il fut placé par sa mère à l'orphelinat de Giel, à l'âge de 10 ans ; un placement qu'il vécut comme un abandon et qu'il traversa dans des conditions difficiles et brutales. Romain Gary, lui, se fit bercer, depuis son plus jeune âge, par les contes de fées que lui racontait sa mère, si aimante et dévouée, faisant de lui un adolescent heureux et ambitieux. Les mêmes fées, celles de Saint-Germain-des-Prés, furent au rendez-vous, pour les deux hommes, à quelques décennies d'écart. Les livres, la gloire et même l'argent. Gary comme Onfray furent en effet touchés de ces baguettes magiques qui changent le cours d'une vie. Mais alors que Gary aima à s'admirer lui-même dans les miroirs de cette réussite – élégant, superbe, il souriait à chaque occasion à cette bonne étoile placée au-dessus de sa tête, et il en goûtait chaque offrande –, Onfray, lui, restait l'enfant de Chambois, blessé, trop attaché à sa liberté pour l'abandonner au tumulte mondain de Paris et à ces premiers venus de célébrités que l'on mettait à côté de lui à un dîner. Sa rébellion n'allait pas s'éduquer dans l'appartement bling-bling d'un animateur de télévision, même avec un ancien ministre à sa table. Affaire de peau et d'allergie rédhibitoire.

C'est un autre personnage qui lui ressemble. Mais il faut aller le chercher dans la littérature : il s'agit du narrateur du roman de Thomas Bernard, *Des arbres à abattre.* Lui aussi est écrivain, et il a accepté, tout comme Onfray, de se rendre à un dîner mondain. Nous ne sommes pas à Paris, mais au cœur de Vienne, et ce dîner est donné en l'honneur d'un comédien. Dans cette soirée défilent des artistes que le narrateur déteste. Il est assis dans un grand fauteuil, à l'écart, et il entreprend un long monologue intérieur où il dit le plus grand mal de ses contemporains. Le dîner avance, en même temps que monte l'animosité, l'irritation, la haine même du narrateur pour cette société artistique viennoise. À chaque phrase de ce texte, on pourrait substituer Michel Onfray à celui qui raconte : « Que ces personnes sont donc ridicules et ordinaires, pensais-je assis dans le fauteuil à oreilles. [...] De là, je maîtrisais à la perfection l'art de rester seul. [...] À cette soirée, je dois le dire, je me montrais mal élevé, rebutant, grossier. Certains des invités avaient entendu parler de ma notoire singularité, originalité, bizarrerie, voire dangereuse excentricité, de ce quelque chose d'incomparablement fou comme on me l'avait dit un jour. Tous me haïssaient, moi et mes écrits, mais ils me flagornaient en même temps, dès qu'ils me voyaient, de manière honteuse. [...]

J'étais le point noir de ce dîner [...] ils le voyaient bien, j'étais l'observateur, l'ignoble individu qui s'est confortablement installé dans leur fauteuil à oreilles et qui s'adonne là [...] à son jeu dégoûtant qui consiste à plus ou moins disséquer, comme on dit, tous les invités[1]. »

Un roman de la détestation, contre une prétendue élite artistique qui n'est en fait qu'une société de médiocres et de puissants, en même temps qu'un système fait de mascarades... une analogie évidente, un décalque parfait, même, entre cet écrivain narrateur et Michel Onfray.

Jean-Paul Enthoven connaissait bien la personnalité abrupte de son ancien auteur, sa promptitude à dire ce qu'il en est à quiconque venait l'ennuyer, son rejet des mœurs parisiennes. Tout cela, il me l'avait raconté. Mais il avait

1. Thomas Bernhard, *Des arbres à abattre*, Folio, 2023, p. 35-36.

aussi évoqué avec moi cette période de la vie du philosophe, quand le succès arriva, où, d'après lui, Michel Onfray ne fut pas fâché, malgré tout, de faire un peu de tourisme sur une rive mondaine qui n'était *a priori* pas la sienne… Jean-Paul Enthoven me le certifia : Michel Onfray accepta des invitations et se rendit à des dîners en ville non sans déplaisir.

… Où était la vérité ? Encore une fois, sans doute entre les deux versions.

Peut-être Michel Onfray avait-il participé à quelques soirées, acceptant même ces invitations avec une certaine excitation… mais certainement aussi qu'il expérimenta, ces soirs-là, une sorte de dédoublement de la personnalité, avec toujours ce même questionnement au fond de lui, syndrome de l'écartèlement : devait-il apprécier ces gens, si différents de lui, ou s'en éloigner ? Allait-il entrer dans ce monde, parce que la notoriété l'y contraignait, ou devait-il résister à celui-ci ? En somme, acceptait-il de faire partie du système ou allait-il le rejeter ? Partir ou rester ? N'était-ce pas la véritable question ? Celle qui se pose finalement à tous ces écrivains *transfuges*, *intercalaires* ou encore *transclasses*… comme aime à les appeler aujourd'hui la presse, puisqu'ils sont un certain nombre. La plus célèbre et emblématique étant sans doute Annie Ernaux, cette fille d'ouvriers normands devenue, grâce au capital culturel acquis par le biais de l'école, « une métisse sociale », une « déclassée par le haut », comme elle se définit souvent elle-même. Ses récits autosociobiographiques ont été récompensés par un prix Nobel en 2022.

Dans une littérature moins contemporaine et sociologique, et donc plus musicale, on aurait appelé ces écrivains qui ont conquis des bastions intellectuels à la force de leur plume des *renégats*.

Tous n'ont pas donné au succès la même réponse.

C'est Marc Lambron qui me parla de Fellini, et de son film de 1953, *Les Vitelloni*.

J'avais noté la référence dans mon carnet de notes, pour le visionner un jour.

N'était-ce pas le moment ? Magie d'Internet et des vidéos à la demande... quelques clics suffirent pour me retrouver dans les rues désertées de Pescara, cette petite station balnéaire italienne. À la fin de l'été, cinq amis trentenaires, surnommés les « *vitelloni* », se promènent sans rien faire, reculant sans cesse le moment d'affronter la vie d'adulte. Fellini, en réalité, s'y pose en spectateur de sa propre autobiographie, puisque le film est construit autour de sa vie, de ses histoires de jeunesse avec ses amis de l'époque. Tous ont des rêves, notamment de cinéma pour trois d'entre eux. Mais un seul aura le courage de quitter sa province et son quotidien pour les réaliser. L'identification avec Fellini est claire lorsque à la fin, la voix du réalisateur se superpose à celle de l'acteur pour saluer ses amis qui, eux, sont restés...

14

Les rendez-vous téléphoniques du dimanche soir avec Michel Onfray, même s'ils étaient devenus réguliers, n'étaient jamais prévus à l'avance. Rarement, quand je l'appelais, vers 21 heures, il ne fut pas à l'autre bout de la ligne. Nous pouvions laisser passer quelques semaines et reprendre notre conversation là où nous l'avions laissée.

Il ne s'énervait devant aucune question que je lui posais et ne contournait non plus aucun sujet. Notre conversation était toujours agréable, c'était un homme attentif aussi aux événements qui traversaient ma vie. Il comprit rapidement, par exemple, la santé fragile de ma mère, et ne manquait jamais de prendre de ses nouvelles. Notre relation était indéfinissable. Ce n'était pas celle d'une journaliste avec son « sujet » – je n'appartiens pas à cette profession, j'avançais dans mon projet avec sans doute moins de méthode, et avec un objectif aux contours encore hésitants. Ce n'était pas non plus de l'amitié – nous avions seulement fait connaissance quelques mois auparavant, dans des circonstances de confinement et d'épidémie exceptionnelles sans lesquelles, c'est certain, rien ne se serait déroulé de la même façon ;

mais nous n'avions pas encore réuni les conditions nécessaires à l'édification d'une relation profonde et durable. D'ailleurs, il importait peut-être de ne pas tendre vers cela. Ne devais-je pas, en effet, rester à bonne distance pour ne pas perdre en objectivité ? La lecture que j'avais entreprise d'un grand nombre d'articles de presse qui faisaient le portrait de Michel Onfray, sans parler de mon échange avec Jean-Paul Enthoven, m'avait déjà montré des fragments contradictoires du personnage. Trop contestataire ou idéologue pour certains. Pas assez philosophe pour d'autres. Et cette personnalité, difficile à cerner. Misanthrope ou jouisseur ? Tempérament abrupt ou affable ? J'avais trop aimé *La Règle du jeu*, de Jean Renoir, pour ne pas apprécier de multiplier les points de vue. Alors voici ce que je décidai : accepter, en conscience, de m'immerger dans l'univers de cet homme, dans son intimité, celle de sa maison, de ses amis, celle aussi de ces échanges du dimanche soir, qui nous emmenaient vers des confidences et des sujets parfois très personnels, mais le faire en ne supprimant pas toutes les barrières. L'écrivain et journaliste britannique George Orwell avait cette formule : « La bonne prose est comme une vitre de fenêtre »... elle amène la transparence, sans atour, sans apprêt, et en même temps, elle continue à séparer son auteur du milieu qu'il observe. Pour le formuler autrement : on reste le nez collé à la vitre, sans passer de l'autre côté. Voici ce que devait être ma ligne de conduite.

Un dimanche soir, j'ai questionné Michel Onfray : « Vous avez conscience, Michel, que je vais être amenée à voir des personnes qui ne pensent pas que du bien de vous. Si j'écris un livre, tout ne vous plaira pas forcément, mais je dois garder cette liberté, vous comprenez. Si vous étiez mort, ma tâche serait finalement plus facile », ai-je même ajouté, avec un semblant de deuxième degré.

Sa réponse fut calme, posée : « Si j'étais mort, vous ne pourriez plus faire dialoguer les informations. Il n'y aurait plus de témoignages contradictoires possibles. Vous ne pourriez plus me demander ma version et la confronter aux autres. On ne se souvient pas toujours des mêmes choses. Les mêmes événements ont été vécus de manière différente. Je le comprends et l'accepte très bien. Et vous m'avez semblée honnête. C'est ce qui est important. Vous pourriez avoir un jugement sur moi qui n'est pas le mien. Cela fait partie des risques que je prends… »

Michel Onfray hésita un instant à poursuivre. Il finit par me confier, en s'amusant presque de cet aveu : « Un de mes proches, à qui j'ai parlé de vous, m'a mis en garde, vous savez. Il m'a fait remarquer que vos livres sur Sciences Po, Macron, Marnes-la-Coquette, étaient un peu loin de moi… Voilà ce qu'il m'a dit : "Je ne sais pas ce qu'elle va raconter sur toi. Il ne faut pas faire n'importe quoi avec n'importe qui." »

Cette remarque ne m'étonna pas. Et pour cause… je l'avais moi-même déjà entendue ! Par un journaliste de *Libération*, Luc Le Vaillant. Depuis trois décennies, c'est lui qui signe dans le quotidien d'inimitables portraits, qui figurent toujours en « der », comme on dit, pour désigner cette dernière page du journal qui vient kidnapper les ombres d'une personnalité.

Dans la revue de presse que j'avais faite sur Michel Onfray, j'avais noté, en effet, que Luc Le Vaillant avait écrit l'un des premiers portraits du philosophe. C'était en 1998, à l'occasion de la parution du deuxième tome du *Journal hédoniste*. Onfray avait 39 ans.

À cette époque, le philosophe avait installé un cheminement de pensée original et personnel : théoriser l'hédonisme afin, sans doute, de se procurer, par concepts interposés, cette intimité avec le plaisir qui lui avait été jusque-là refusée par la vie. Peut-être était-ce aussi une autre conséquence de cet infarctus arrivé si jeune… Il fallait aller visiter, par la philosophie, des cieux joyeux. Et ne pas se priver de ce qu'ils apportent. On le vit ainsi publier, au cours de ces mêmes années, une *Théorie du sauternes*[1], fréquenter les domaines bordelais, y obtenir le prix de l'Académie du vin de Bordeaux pour *La Raison gourmande*[2], préfacer le *Guide Hachette des vins*…

« La vertu du plaisir » était le titre du portrait écrit par Luc Le Vaillant. Celui-ci rendait hommage au « philosophe libertaire qui [n'était] pas dans l'air triste du temps ».

Il se trouve que j'avais moi-même rencontré Luc Le Vaillant au moment de la sortie de mon livre sur Emmanuel Macron. Il fit aussi de moi un portrait dans son journal, avec ce titre qui avait sans doute provoqué chez les amis de Michel Onfray une certaine inquiétude : « Anne-Sophie Beauvais, satellite de Jupiter ».

J'avais donc appelé Luc Le Vaillant, pour prendre rendez-vous et lui parler d'Onfray. Les deux hommes sont de la même génération, à une année près. Et, hasard amusant : au moment de mon appel, Luc Le Vaillant m'apprit qu'il venait, quelques mois plus tôt, de consacrer une « der » à Jean-Paul Enthoven. Il nous connaissait donc, tous les trois.

1. Michel Onfray, *Théorie du sauternes*, Mollat, 1996.
2. Michel Onfray, *La Raison gourmande*, Grasset, 1995.

Au téléphone, quand je le contactai, il me fit remarquer, avec ce rire communicatif que je lui connaissais déjà : « Après Sciences Po, l'école des élites, Macron, et votre enquête sur la sociologie des riches, à Marnes-la-Coquette, vous vous intéressez à Michel Onfray. C'est plutôt inattendu ! »

Il me confia aussi que le philosophe n'avait pas du tout aimé le portrait qu'il avait fait de lui, vingt-cinq ans auparavant. Je m'en étonnai. Ce texte ne me paraissait pas à charge, au contraire. Et pour cause, Luc Le Vaillant ne pouvait avoir que de la sympathie pour son sujet, lui qui est présenté par l'ancien patron de la rédaction de *Libération*, Nicolas Demorand, comme « le dernier spécimen pur de libertaire intégral ». Excellente disposition en effet pour un compagnonnage avec Michel Onfray.

« Le personnage a un côté fulminant ! me dit Luc Le Vaillant, en réponse à mon étonnement. Mais vous ne l'avez peut-être pas encore éprouvé…

— Pas encore, non.

— Vous savez que vous sortirez difficilement vivante de cet exercice.

— Vous croyez ? lui avais-je répondu avec étonnement.

— J'en fais le pari », me répondit-il avec une assurance amusée.

Nous convînmes de nous voir vite pour parler de tout cela.

15

En septembre 2020, trois mois avant ma première rencontre avec Michel Onfray, tout Paris avait bruissé autour de la sortie d'un livre, le plus détersif de cette rentrée littéraire : 528 pages écrites sous la forme d'un roman autobiographique, intitulé *Le Temps gagné*[1] et signé Raphaël Enthoven, fils de Jean-Paul.

Après notre dernier échange, Thierry m'avait envoyé le livre par la poste, accompagné de ce mot manuscrit : « Sacré mélo œdipien, livre scalpant… ils sont tous là, Jean-Paul Enthoven, BHL et Michel Onfray. Tu les reconnaîtras facilement, avec d'autres encore, derrière leur pseudonyme. "Cette histoire est entièrement imaginée puisque je l'ai vécue d'un bout à l'autre", écrit Raphaël Enthoven, en exergue du livre. Il fallait oser ! Je t'ai récupéré son portable par le réseau des copains profs de philo. Fais-en bon usage et tiens-moi au courant. »

En trouvant ce paquet dans ma boîte aux lettres, je souris. J'avais là un vrai ami en même temps qu'un partenaire.

---

1. Raphaël Enthoven, *Le Temps gagné*, L'Observatoire, 2020.

Mais Thierry ignorait que j'avais déjà rencontré Raphaël Enthoven, et que j'étais même allée chez lui, lors d'une soirée. C'était le 30 juin 2018. Un autre de mes amis avait suivi ses études avec lui et m'avait proposé de l'accompagner.

Aux invités, Raphaël Enthoven avait envoyé ce message, par SMS : « 20 heures, [adresse], escalier de bois sous la glycine... »

Le jeune philosophe habitait une sorte d'impasse, ou plus exactement de petite « villa », que l'on ne devinait pas depuis la rue puisqu'elle se trouvait en arrière-cour, dans le 14e arrondissement de Paris.

Dès le porche franchi, mon ami et moi avions laissé la frénésie des grands boulevards adjacents derrière nous. C'était comme si les promoteurs immobiliers avaient travaillé tout autour de la petite cité pour ériger de nouvelles constructions, mais avaient choisi de laisser un bout du Paris d'antan presque intact. Quelques privilégiés habitaient là. Dans l'architecture des lieux, on revoyait les anciens ateliers d'artistes, peintres et sculpteurs, qui étaient venus s'installer dans le quartier, au XIXe siècle. Il paraît que l'on y trouvait, à l'époque, des vergers dont Balzac, dit-on, appréciait les cerises.

Les vergers avaient disparu, mais la glycine était bien là, tout en floraison, donnant au lieu, en même temps qu'à la soirée, une atmosphère champêtre.

Avant d'entrer dans la cour, au moment de nous garer dans la rue, nous avions aperçu Jean-Paul Enthoven avec sa compagne. J'appris son nom, à cette occasion : Patricia Della Giovampaola, une belle et riche Toscane, d'origine aristocrate, qui vivait entre Paris, Buenos Aires et Miami. Le couple sortait de la porte cochère vers laquelle nous allions. D'un pas nonchalant, se tenant par la main, ils marchaient vers une décapotable qui leur allait bien. Elle, en robe de dentelle blanche, que l'on devinait de grande marque ; lui, habillé d'un costume clair, avec sa mine toujours étincelante et ses lunettes fumées. Ils n'étaient plus si jeunes, mais ils étaient beaux. Je les regardai comme un phénomène, un spectacle unique que leur allure caractérisait. Ils montèrent dans le cabriolet et semblèrent, en démarrant, filer vers le soleil couchant.

Raphaël Enthoven est le digne fils de son père, d'une certaine façon. Très séduisant lui aussi. Plus sobre, dans son apparence. Une question de génération certainement, ou de contre-pied au style paternel. Né en 1975, il est agrégé de philosophie, normalien et est devenu, en quelques papillonnages médiatiques, le philosophe des ondes, sur France Culture, Europe 1 ou encore Arte. Il tweete, beaucoup, même frénétiquement, chaque jour, en bretteur confirmé des réseaux sociaux. Ses cibles privilégiées : les extrémistes de tout poil, lepénistes, mélenchonistes, complotistes, racistes, communautaristes... c'est d'ailleurs pour répondre à toutes ces personnes qu'il a cofondé, avec le journaliste Christophe Barbier, en 2021, un hebdomadaire, *Franc-Tireur*, qui veut défendre la raison et la nuance.

À cette vie médiatique riche s'ajoutent aussi quelques conférences et la publication d'essais, dont un *Dictionnaire amoureux de Marcel Proust*[1], écrit avec son père, en 2013.

Lors de cette soirée de juin 2018, j'avais découvert un homme à la silhouette élancée, d'une courtoisie exquise, avec un sourire peut-être légèrement forcé lorsqu'il

1. Raphaël et Jean-Paul Enthoven, *Dictionnaire amoureux de Marcel Proust*, Plon/Grasset, 2013.

s'adressait à des personnes, comme moi, qu'il ne connaissait pas. Sa voix de velours et son visage fellinien avaient déjà été célébrés dans une chanson, celle de son ancienne compagne et mère de son premier garçon, Carla Bruni… « Archange étrange d'un autre ciel », fredonne-t-elle dans ce morceau baptisé sobrement du prénom *Raphaël.* Carla Bruni fut conquise par le fils Enthoven alors qu'elle avait été la compagne du père, Jean-Paul ! Et Raphaël, de son côté, pour vivre pleinement cet amour, dut quitter son épouse de l'époque, qu'il avait épousée en 1996, et qui n'était autre que la fille de Bernard-Henri Lévy, Justine.

C'est cette dernière qui avait rendu l'histoire publique en faisant paraître un livre, en 2004, sobrement intitulé *Rien de grave*[1]. Elle y racontait comment elle avait été quittée par Raphaël Enthoven, dépeint en mufle narcissique, pris dans les filets d'une vorace bionique surnommée « Terminator ». La presse s'en délecta. Raphaël Enthoven, lui, s'était tu. Mais il n'avait manifestement rien oublié. Sa réponse tenait dans les 528 pages publiées seize ans plus tard, comme une bombe à retardement. Mais son ex-femme n'était pas la seule victime de ce qui pouvait ressembler à un règlement de comptes. Le philosophe raconte dans ce livre sa jeunesse, sur la rive gauche de Paris. Une jeunesse qui ne fut ni complètement heureuse ni parfaitement malheureuse. S'il ne se donne pas toujours le beau rôle, Raphaël Enthoven n'épargne surtout aucun (ou presque) de ceux qui ont traversé sa vie d'enfant et de jeune adulte. Sa mère, la journaliste Catherine David, y est présentée comme pouffant « d'embarras », avec un « rire de canard », devant les gifles et les coups qui sont portés à son fils par son compagnon de

1. Justine Lévy, *Rien de grave*, Stock, 2004.

l'époque. Les scènes se répètent : il cogne, elle rit ; il tape, elle pouffe. L'intéressé a, depuis lors, contesté ce récit. Son père, Jean-Paul Enthoven, qui n'a jamais vraiment pris le temps de défendre son enfant maltraité, est présenté comme un homme parfaitement insouciant, égotiste, snob, fantasque et finalement inconséquent. BHL, que l'on reconnaît sous les traits d'« Élie », est un philosophe vaniteux, « Dieu sur terre » puis « vieil enculé », au talent « mangé par l'image qu'il voulait en donner ». Quant à Justine (présentée sous le pseudonyme de « Faustine »), fille de BHL, elle est exposée sous les pires traits.

Une telle autofiction, sans concession, ne pouvait pas déclencher autre chose qu'un tsunami familial dévastateur.

Lorsque j'avais appelé Luc Le Vaillant, il m'avait raconté avoir vu Jean-Paul Enthoven le lendemain de la sortie du livre de son fils. Leur rendez-vous avait pris une autre tournure que celle prévue initialement pour réaliser le portrait de l'éditeur. Luc Le Vaillant me dit avoir vu alors « un homme anéanti, dans un grand désarroi, blessé, meurtri ». Le journaliste en était lui-même sincèrement touché : « Cet homme qui est une sorte de bellâtre, avec la vie douce, venait de se prendre son fils, qui est sa création la plus achevée, dans la figure. » Dans *Libération*, Luc Le Vaillant avait repris les propos que lui avait alors tenus Jean-Paul Enthoven : « Je suis en deuil, en honte. Je me croyais un père glorieux, me voilà devenu un père grotesque. »

Dans la galerie des personnalités qui apparaissent dans le livre, on croise aussi, assez brièvement, un certain « Octave Blanco » qui n'est autre que Michel Onfray. Leur rencontre est racontée : elle se déroule au cours d'un vernissage parisien (il est donc vrai que Michel Onfray, à une certaine époque, ne fuyait pas tous ces endroits comme la peste...). Au moment où le jeune narrateur du livre, devenu normalien, est en pleine éclosion intellectuelle, il se cherche des mentors. Et Octave, le philosophe hédoniste et antisystème, représente pour lui, à cet âge de la pleine jeunesse, la tentation de la radicalité.

Comme à mon habitude, j'avais commencé par interroger Michel Onfray. De quelle manière avait-il rencontré Raphaël Enthoven ? Quelle relation les avait liés ? Le récit m'en avait été fait : quand Michel Onfray arrive chez Grasset, le jeune Enthoven n'est encore qu'étudiant ; tous deux ont une quinzaine années d'écart. Raphaël explore alors, depuis les bancs de l'école, les références philosophiques et admire celui qui a déjà construit sa propre pensée et édité des livres. Jean-Paul Enthoven envoie à son auteur de Grasset les copies de philosophie de son fils, en espérant quelques conseils. Michel Onfray n'a rien, ou presque, à en redire, c'est brillant, intelligent, bien fait. Une relation plus amicale (même si ce mot n'est jamais prononcé par Michel Onfray) va se nouer, quelques années plus tard, entre les deux hommes. C'est la grande époque de l'Université populaire.

Au Michel Onfray hédoniste, des années 1990, qui s'est attiré une grande sympathie, a succédé un Michel Onfray social et rebelle qui a fondé, au début des années 2000, son université, à Caen. Des cours de philosophie gratuits qui répondent au « choc du 21 avril 2002 », avec l'arrivée de Jean-Marie Le Pen au second tour de l'élection présidentielle. Une « nécessité d'éducation collective » qui le fera abandonner ses jeunes élèves et le lycée technique où il enseigne, pour des salles plus nombreuses, ouvertes à tous les publics. Une sorte de café philosophique où, contrairement à l'université classique, l'interactivité et la pratique du dialogue seront privilégiées. Le parcours est exemplaire, voilà un philosophe digne d'une République fraternelle et généreuse. L'affluence aux conférences de cette Université populaire est immédiatement au rendez-vous : 10 000 personnes dès la première année. Et un vrai succès médiatique à la clé. Avec la reconnaissance du plus intellectuel des médias, France Culture, qui décide de diffuser, chaque semaine, les cours de philosophie de Michel Onfray.

Devant le succès de son université, le philosophe agrandit l'équipe des enseignants, et c'est ainsi que Raphaël Enthoven, devenu agrégé, participe à cette aventure collective.

Michel Onfray me le raconta avec une certaine amertume : « Pour rejoindre l'Université populaire, Raphaël Enthoven n'hésita pas, afin de me convaincre, à cracher sur Paris et sur Saint-Germain-des-Prés ; il dissertait sur ce qui séparait le pouvoir de la puissance : le pouvoir était, m'avait-il dit, pour BHL qui n'avait pas de puissance, et la puissance, pour moi, qui n'avais pas de pouvoir. Il parlait *sens de l'histoire*, invoquait la trace que BHL laisserait – c'est-à-dire rien ! – et la mienne. C'était une énorme flagornerie. Il voulait être de cette aventure qu'était la création de l'Université populaire car, il en était sûr et certain, l'Histoire s'en souviendrait. »

Les deux hommes se sont fréquentés ainsi, pendant deux années. Et puis, dans les coulisses de l'Université populaire, éclata une dispute. Comme ils ne s'entendaient plus depuis un moment, leur amitié se brisa, avec fracas et, semble-t-il, un emballement assez viril.

Chronologiquement, le premier Enthoven à se fâcher avec Onfray n'était donc pas le père, mais le fils. À l'époque, Jean-Paul, le père, ne prit pas parti. Du moins publiquement.

Ce contexte posé, je décidai d'appeler Raphaël Enthoven. Il se souvenait de moi et me donna rendez-vous en visioconférence, ce qui permettait d'organiser un échange rapidement.

Lorsque Raphaël apparut sur l'écran de mon ordinateur[1], je retrouvai une amicale sollicitude, comme si cette soirée où j'avais fait sa connaissance datait de la veille : « Comment allez-vous ? » me demanda-t-il avant que nous commencions.

J'allais lui parler de deux hommes avec lesquels il était fâché, dont son propre père, mais il m'adressait un sourire œcuménique à toute épreuve.

1. Entretien avec l'auteure, le 8 mars 2021.

16

Raphaël Enthoven me confirma sa rencontre avec Michel Onfray : il passait son agrégation, en 1999, l'année où ce dernier sortit un livre important, *Politique du rebelle. Traité de résistance et d'insoumission*[1], sans doute l'ouvrage qui résume le mieux sa pensée politique. Les premières pages sont spectaculaires : il décrit l'usine de son village, vue par les yeux d'un enfant, en métamorphose du dragon. Raphaël fut admiratif : « J'ai été élevé dans le culte wébérien de l'éthique de responsabilité, me dit-il, du principe de prudence, du calcul des conséquences, de la nécessité aronienne… et d'un coup, avec Onfray, j'avais le sentiment, non seulement de m'encanailler, mais aussi d'apprendre une autre langue que la mienne, qui était tout simplement une langue de la conviction. »

Il poursuivit, comme un tour de chauffe à ces réminiscences de vingt-cinq ans en arrière : « Onfray avait cette phrase qui était imparable : "Ce qui est viscéral est irréfutable !" Et moi, je lui disais : "Ce qui est dogmatique est

1. Michel Onfray, *Politique du rebelle. Traité de résistance et d'insoumission*, Le Livre de poche, 2018, p. 64.

irréfutable aussi. Parce que les deux sont indémontrables !" Il me répondait : "C'est vrai, mais ce qui est dogmatique est construit ; alors que ce qui est viscéral est éprouvé", et c'est dans cette souche-là qu'il me faisait valoir qu'un projet philosophique était possible. On était quand même sur un dialogue tout à fait frontal et fraternel, où je faisais le libéral, et lui, l'insoumis. Fraternel, pas encore confraternel : j'étais dans mes études, dans l'exploration des références, il était déjà dans la construction d'une pensée. »

Il me raconta alors leur convergence d'ambitions avec l'Université populaire, reconnaissant, malgré tout, une démarche plus idéologique chez Onfray. Raphaël Enthoven voulait surtout être pédagogue, cherchant le cours parfait… son aîné, le cours idéal. Toujours ce côté viscéral.

Puisque j'avais un autre philosophe en face de moi, je voulus ensuite parler d'Albert Camus. Michel Onfray souhaitait rendre hommage à cet écrivain découvert à l'adolescence, en achetant, sur un marché de Normandie, à une bouquiniste, *Le Mythe de Sisyphe* et *L'Homme révolté*. Il lui consacra une biographie, juste après son livre sur Freud, qu'il publia donc avec un autre éditeur, Gilles Haéri. Une façon sans doute, après la violence des polémiques, de se tourner vers une compagnie plus amicale, car Onfray me l'avait formulé ainsi : « Camus est peut-être la biographie qui m'a été la plus autobiographique… » Il est vrai que les similitudes de vie entre les deux hommes sont frappantes, et elles n'avaient pas échappé à Gilles Haéri[1] : un père ouvrier agricole et une mère femme de ménage, avec une enfance qui les confronte très tôt, l'un dans la province d'Alger, l'autre en Normandie, à la pauvreté et à l'injustice ; une fidélité indéfectible à leurs origines tant

1. *Cahier de l'Herne*, 125 : *Michel Onfray*, janvier 2019, p. 124.

géographiques que sociales. La phrase d'Albert Camus sur sa mère – « Devant [elle], je sens que je suis d'une race noble : celle qui n'envie rien » – fait écho à des propos de Jean-Paul Enthoven, parlant de son ancien auteur : « Michel est fier de son lignage, il aime à se jucher sur ses anciens quartiers de pauvreté et de misère comme d'autres se juchent sur leurs quartiers de noblesse[1]. » Pour Onfray comme pour Camus, c'est aussi la rencontre de professeurs qui leur donnent confiance en l'avenir. Louis Germain, puis Jean Grenier pour Camus ; Lucien Jerphagnon pour Onfray. À ces vies parallèles, il faut ajouter la figure du père, comme racine existentielle chez les deux hommes. Certes, le père d'Albert Camus mourut très jeune lors de la Première Guerre mondiale, touché à la tête par des éclats d'obus lors de la bataille de la Marne, alors que son fils n'avait que 8 mois ; mais il lui laisse un dégoût viscéral pour la barbarie, illustré, dans le roman autobiographique d'Albert Camus *Le Premier Homme*, par la phrase prononcée par Cormery, l'alter ego paternel de l'auteur, devant une scène atroce de mutilation : « Un homme, ça s'empêche. » Et enfin, la confrontation prématurée avec la maladie, tuberculose à 17 ans pour Camus, infarctus à 28 ans pour Onfray. Deux survivants, avec un regard sur la vie qui ne peut plus être le même.

À l'évocation de Camus, Raphaël Enthoven s'ébroua, son ton changea. Notre discussion prit une tournure plus sévère : « Onfray n'est certainement pas Camus ! Il a fait prospérer son identité sociale en elle-même, comme une source de subversion, se prenant ainsi pour Camus… mais chez cet écrivain, il n'y avait aucun ressentiment. Albert Camus ne se sentait bien qu'auprès des plus démunis, il le disait lui-même.

1. Entretien avec l'auteure, le 24 mars 2021.

Mais son attitude n'avait rien à voir avec celle d'Onfray... il le formulait ainsi : "J'ai grandi dans une pauvreté que le soleil a préservée de l'envie" ; alors que le très beau texte d'Onfray sur le corps cassé de son père[1], ouvrier agricole, est un texte pétri de colère, de haine pour le système en question. »

Avant de continuer, Raphaël Enthoven me demanda si je connaissais ce texte.

Je l'avais lu, et le trouvais magnifique. Michel Onfray, gamin, observe partir son père, tous les jours, vers des tâches pénibles, selon les saisons, et se faire humilier, souvent, par des patrons à l'autorité brutale. « J'ai passé des heures, ainsi, à le regarder, embusqué derrière une haie, au creux d'un fossé, dans les fondrières d'un chemin, derrière le tronc d'un arbre, en haut d'une pièce de terre d'où il ne pouvait me voir. Impuissant, révolté, malheureux de le voir ainsi sacrifié, utilisé, commandé, impliqué dans le travail de la ferme comme un matériel parmi du matériel, j'ai serré les dents plus d'une fois, à m'en faire mal à la mâchoire, retenu des sanglots dans le fond de la gorge, à m'en tétaniser les cordes vocales, contenu ma colère et ma violence, à la sentir me travailler la poitrine, me déchirer le sternum. Le destin d'un père qui englobe le sort de tous ceux qu'on paie des misères et qu'on exploite sans vergogne[2]. »

Raphaël Enthoven voulut m'expliquer : « Dans *L'Étranger*, Camus fait dire à Meursault, le personnage principal et le narrateur du roman : "Je comprenais mon patron." Cette phrase, jamais Michel Onfray ne pourra l'écrire. Il faut bien que vous

---

1. Michel Onfray, « Le corps de mon père », dans *Journal hédoniste I, Le Désir d'être un volcan*, Grasset, 1996, Le Livre de poche, 1998.

2. *Ibid.*, p. 225-226.

compreniez qu'il n'y avait pas, chez Camus, un atome de rancœur. Onfray, lui, n'est que ressentiment. Parce qu'il a mis en scène l'identité qui est la sienne et en fait un outil de revanche et même de promotion sociale. Ce que Camus n'a jamais fait. »

Raphaël Enthoven, dans cette démonstration, devenait implacable. Mais son regard – la seule chose que je percevais, finalement, puisque nous étions chacun derrière un écran – ne trahissait pas l'intensité de la charge. Ses yeux restaient étonnamment souriants et doux. En décalage, presque, avec ce qui sortait de sa bouche.

En mon for intérieur, je me disais que tous ces hommes, Onfray et Enthoven, le père comme le fils, étaient intelligents, brillants même, mais dénués, les uns pour les autres, de la moindre mansuétude. De vrais crocodiles, qui, d'une formule, ne faisaient qu'une bouchée, sanglante, de leurs anciennes complicités. De mon côté, je dois avouer que je savourais, avec une vraie délectation intellectuelle, ces critiques de haut vol. Le défi restait néanmoins le même : démêler ce qui était sincère de ce qui ne l'était pas, mettre de côté les ressentiments et les haines pour comprendre les faits, et tout simplement, me forger ma propre opinion.

Il me fallait passer au sujet le plus sensible : Jean-Paul Enthoven – le père. D'autant que la perche venait de m'être tendue.

« Vous me parlez de l'identité sociale d'Onfray, vous savez qu'il l'oppose à celle de votre père. Il me l'a formulé à plusieurs reprises, me disant, par exemple, que votre père était aussi urbain et parisien que lui était campagnard et provincial, qu'il était un libéral cosmopolite alors que lui était un Normand bien enraciné... »

Je pensais que Raphaël allait peut-être passer son tour, compte tenu du différend entre lui et son père depuis la publication de son livre. Il n'en fut rien. D'une seule traite, il me dit beaucoup de choses : « Cet argument sociologique, lâcha-t-il, furieux, est absolument misérable ! Le postulat d'une incommunicabilité entre leurs deux parcours et leurs tempéraments est une construction de celui qui daube sur les gens qui l'ont aidé pour se faire un statut de gloire. C'est d'une injustice totale. Dieu sait si mon père peut être justiciable de mille défauts et reproches, mais alors ça, non ! Il a toujours été avec Onfray d'une loyauté infaillible, il a toujours été soucieux de ses désirs, de ses besoins. Il l'a protégé, couvé. Si la notion d'éditeur a un sens, elle est idéalement illustrée par la façon dont mon père s'est dévoué sans compter à la cause de son auteur. Il a été toujours attentif à ce qu'Onfray conserve les conditions d'écriture qui lui rendaient service. Il a toujours veillé à ce que les attachés de presse qui l'entourent ne lui transmettent que les bonnes nouvelles, parce qu'Onfray ne supportait pas les mauvaises. Il a toujours pris soin de lui. Et ils étaient en communion lorsqu'ils travaillaient ensemble. J'en ai été le témoin. Toute cette attention qu'il a su lui porter montre bien que mon père n'a rien à voir avec le déterminant sociologique dont Michel Onfray parle. C'est méprisant, condescendant, et tout à fait injuste envers l'homme qui s'est conduit de façon exemplaire avec son écrivain. Et Dieu sait, en vous disant tout cela, que j'ai des choses à reprocher à mon père. »

Raphaël Enthoven parlait vite. Il ne butait sur aucun mot. Précis et incisif, je retrouvais là son style radiophonique. Dans sa réponse, il concéda malgré tout une légère pause. Non pas pour reprendre son souffle, il n'en avait nul besoin, mais peut-être voulait-il marquer, par ce bref silence, la seule concession qu'il était prêt à faire : « Que chacun, devant les autres, ait pu contrefaire sa propre identité, pour manifester, à l'époque, l'originalité de leur affection, en laissant entendre qu'ils étaient l'antipode, l'exact contraire de l'autre, c'est possible. Mais qu'Onfray présente cela aujourd'hui comme une opposition d'emblée entre deux trajectoires, deux personnalités irréconciliables, pour se donner à lui-même l'onction du paysan authentique, ce n'est rien d'autre qu'un jeu d'artifice ! »

Rien n'était donc écrit d'avance, me suis-je dit : le fils défendant son père avec conviction, après, pourtant, un parricide des plus violents. Au vu du contexte, Raphaël Enthoven aurait pu s'engouffrer dans cet antagonisme entre son père et Onfray de bien des façons… mais l'évidence d'un éditeur qui se mit au service de son auteur, pendant des années, devait être rappelée. Et cette différence, d'ordre topologique et existentiel, entre Michel Onfray et Jean-Paul Enthoven, ne devait pas être le seul scénario de leur affaire. Ou du moins, ne devait pas être aujourd'hui l'outil de promotion d'un philosophe cherchant à asseoir à tout prix sa métaphysique de l'identité sociale. Voilà ce que me disait clairement Raphaël Enthoven.

J'osai une question : « "L'onction du paysan authentique"… ce ne serait donc, selon vous, qu'une posture ? »

La voix du jeune philosophe témoignait de nouveau d'un grand calme, comme pour mieux appuyer encore ce qu'il voulait me dire : « Mais enfin, Anne-Sophie, quand je fréquentais Michel Onfray, personne n'était plus parisien, mondain, vernissé, courtisan, soucieux des échos de ce qu'il disait, attaché au moindre détail rapporté par ses attachés de presse et immergé dans le système que lui ! Je l'ai vu accompagner la sortie de ses livres, épuiser les plateaux télé. Il était flatteur, investi, mondain… comme tout le monde !

Il faut arrêter le mythe du paysan. Parmi les mondains, il est seulement le plus paysan d'entre eux ! Mais le côté, je vis en Normandie, dans ma ferme, non ! »

Il finit par lâcher, en conclusion : « Onfray, c'est Rastignac maquillé en Taureau ! C'est Lucien de Rubempré déguisé en Kropotkine[1] ! »

Je fus admirative de cet art qui consiste à terminer son propos par une flèche empoisonnée qui n'a qu'un objectif : toucher dans le mille, ou plus exactement dans les parties vives de celui que l'on a dans le viseur. Raphaël Enthoven avait-il préparé cet entretien ? Avait-il déjà en tête ces deux analogies, prêt à les décocher dans la discussion ? Je n'en avais pas le sentiment. Mais peu importe, finalement. S'il est des univers où l'image l'emporte sur le récit, avec des intellectuels, c'est bien la parole, et ici le sens de la formule, qui l'emporte. Apothéose du Logos, dira-t-on.

Michel Onfray n'était pas en reste. Il avait de toute façon déjà d'une certaine manière répondu à Raphaël Enthoven, en dessinant le portrait d'un homme qui lui ressemblait beaucoup dans un entretien que j'avais lu : « Je me souviens d'un jeune loup aux dents longues qui était entré dans la bergerie de l'Université populaire à ses débuts pour y dévorer tout le monde et qui, lors d'une saison que nous faisions en Corse, l'été, regardait compulsivement (c'était un regard de prédateur qui cherchait ses proies...) partout autour de lui quand il y avait foule pour séduire le plus rentable sociologiquement avant de plaquer illico son interlocuteur quand il apercevait une relation plus utile à son projet de carrière mondaine. Pas la peine de préciser que son regard traversait

1. Théoricien du communisme libertaire.

les personnages dits subalternes... Avec lui, la femme de ménage comptait autant que son balai... Fort avec les faibles, faible avec les forts, cet homme est issu d'une grande famille parisienne de la gauche caviar[1]... » Principe de la loi du Talion, œil pour œil, dent pour dent. Offense, sentence.

Je ne pouvais plus rester devant une feuille blanche. Le soir même, je me mis à ma table de travail pour commencer à écrire. Aucun risque de stérilité avec une telle matière accumulée. J'allais raconter cette enquête telle qu'elle se déroulait. Elle constituait, en elle-même, et grâce à tous ces personnages rencontrés, un récit romanesque.

1. *Cahier de l'Herne*, 125 : *Michel Onfray*, *op. cit.*, p. 33.

17

Quelques jours après cet échange avec Raphaël Enthoven, j'arrivais chez Thierry avec une pochette sous le bras. Il ne s'agissait pas de mes premiers feuillets, il était encore trop tôt pour les partager et recueillir un avis.

Michel Onfray m'avait envoyé un texte d'une vingtaine de pages, par e-mail, qu'il avait écrites d'une traite, en quelques heures, comme il le fait souvent quand un sujet vient l'agiter. Il m'avait présenté ce manuscrit comme un droit de réponse, et au passage une critique de ce premier opus autobiographique de Raphaël Enthoven. Vingt pages sans concession, féroces, qui laissaient exploser, littéralement, son rejet de ce monde parisien qu'incarnent à la perfection, aux yeux du philosophe, Raphaël Enthoven et son père.

Avec ce texte, que j'avais donc imprimé pour le faire lire à Thierry, j'avais rebasculé dans l'« autre camp ». Je vivais la même expérience que Thomas Villeau, mon ancien camarade de Nanterre qui avait navigué, une année durant, entre deux versions d'une même affaire, c'est-à-dire entre François Mitterrand et la veuve Bérégovoy. La schizophrénie l'avait peut-être gagné... De mon côté, je tenais encore bon.

Ce n'était pas le premier texte non publié que m'envoyait le philosophe. Ces écrits me semblaient former une espèce de journal personnel où les colères peuvent s'exprimer sans filtre, et où des sujets plus intimes peuvent aussi être abordés. Avec ces manuscrits, Michel Onfray semblait vouloir donner encore plus de consistance, de chair et de transparence à nos échanges. Comme si nous devions tout partager, sans réserve. Pour mener un travail intellectuellement honnête, peut-être, pensait-il, que je devais tout voir, tout lire.

Quand il m'adressa ces pages qui faisaient suite à la parution du livre de Raphaël Enthoven, je m'étonnai : Michel Onfray était certes cité dans cet ouvrage, mais il n'était qu'un personnage très secondaire, pour ne pas dire *de passage*. Seuls quelques paragraphes lui étaient consacrés, rien qui méritât un « droit de réponse ». Mais le philosophe avait anticipé une suite, persuadé que Raphaël Enthoven travaillait à l'écriture d'un deuxième opus. Il est vrai que ce premier roman autobiographique est celui de l'apprentissage : il s'arrête tôt dans la vie de son narrateur, au moment où apparaît « Béatrice » (Carla Bruni), qui vient clore, de manière solaire, cette divine comédie. Nous sommes en l'an 2000, Raphaël Enthoven a 25 ans, et Carla Bruni, 33. Elle est l'âme sœur du narrateur, celle qui échappe à tous les défauts. C'est auprès d'elle que l'émancipation se fera.

Michel Onfray imaginait donc Raphaël Enthoven se remettre à sa table de travail et poursuivre son exercice littéraire avec un deuxième livre. Il pressentait qu'Octave (son double) pourrait y occuper un rôle plus visible, en tous les cas qu'il n'échapperait pas, à son tour, à une mitraille en règle. Il n'avait aucune raison d'être épargné, pensait-il.

La riposte se devait donc d'être prête, et elle l'était, impitoyable elle aussi.

J'avais laissé Thierry lire tranquillement ces pages. Il était resté impassible, feuillet après feuillet. Je savais ce qu'il découvrait, à leur lecture : des propos sismiques sur le mode de vie, les usages et les valeurs de Raphaël Enthoven et de ses proches. J'ai déjà substitué Michel Onfray au narrateur du roman de Thomas Bernard, voilà qu'il le surpassait dans ce manuscrit, avec l'expression, tout en soliloque aussi – mais sans le fauteuil à grandes oreilles comme poste d'observation – de sa détestation à l'égard d'une prétendue élite intellectuelle parisienne. Une élite qui a fait, écrit-il dans ce texte, les bonnes écoles, qui habite les beaux quartiers de Paris, qui sait entretenir son carnet mondain de relations, mais qui n'est en réalité qu'inconséquence, frivolité, mensonge et trahison.

Il est vrai qu'avec son livre, Raphaël Enthoven avait fait de ses proches les héros pathétiques d'une vie ordinaire à Saint-Germain-des-Prés. Il les montrait agités, derrière le masque de la bienséance, de grandes faiblesses et de petits défauts. Mais peut-être était-ce là, à ses yeux, de la littérature ? Raphaël Enthoven semblait vouloir nous le dire, dès le titre de son livre, *Le Temps gagné*, en se plaçant ainsi sous les auspices de Marcel Proust, dont on sait que l'œuvre immense, *À la recherche du temps perdu*, se clôt par un volume intitulé *Le Temps retrouvé*, à l'issue duquel le narrateur entreprend d'écrire le grand livre de la mémoire que le lecteur tient dans ses mains. Après tout, Raphaël Enthoven a choisi d'écrire, comme Marcel Proust, un roman à clés, mêlé au récit de sa vie intérieure, pour brosser un portrait aiguisé et dessillé de ses contemporains. Le procédé chez les deux auteurs est le même : voir clair au-delà de la réalité apparente, jeter une lumière impitoyable sur des individus supposément impeccables, décortiquer, pour le profane, un monde et ses codes. Le théâtre de l'aristocratie française chez Marcel Proust, celui de Saint-Germain-des-Prés et de ses intellocrates chez Raphaël Enthoven. Et tant pis pour les égards et la délicatesse dus à sa propre famille et à ses proches. Mais la littérature n'a-t-elle pas, pour chaque auteur, un prix ? Raphaël Enthoven avait choisi visiblement de le payer en publiant son livre et en se fâchant ainsi avec son père.

Avec cet ouvrage, une perche était tendue, en tous les cas – il le croyait du moins –, à Michel Onfray : il pouvait enfin, et sans que la littérature s'en mêlât de son côté, régler ses comptes avec ce « petit monde » qu'il avait fréquenté pendant les années Grasset, sous la conduite de son éditeur de l'époque.

Les 20 pages que le philosophe m'avait envoyées avaient eu, pour moi, une certaine résonance : Jean-Paul Enthoven avait terminé notre échange, dans son appartement, en me parlant de cette peur que Michel Onfray avait d'être contaminé par une existence comme la sienne, avec, m'avait-il dit, « ses beaux décors, ses belles femmes et ses belles villégiatures ». « La seule façon de ne pas être contaminé, avait-il ajouté, c'est de prétendre qu'on déteste tout ça, qu'on le hait. C'est exactement ce que fait Michel Onfray. Avec moi et avec tout ce qui fait ma vie. »

J'avais trouvé alors le propos âpre… Mais j'imaginais Jean-Paul Enthoven lisant, lui aussi, ces 20 pages, dans lesquelles, effectivement, tout ce qui faisait son existence était disséqué par le menu, et l'entendais me dire : « Vous voyez !

Vous en avez la preuve ici ! Il exècre tout ce que je suis ! Cette irritation, à l'extrême, cette façon de faire de ma vie et de celle de mes proches une réalité monstrueusement tangible d'un vice social, pose un problème quand même ! En lisant tout cela, vous ne pouvez plus dire le contraire... »

C'étaient effectivement 20 pages de détestation et de combat, avec cette écriture si caractéristique de Michel Onfray : une écriture qui gronde et sait se faire menaçante ; une écriture qui semble aussi mise sur le papier d'un seul souffle. En lisant ces 20 pages, on pouvait imaginer Michel Onfray tel Vulcain dans sa forge, suant et jetant dehors ce texte, en quelques heures à peine...

Qui d'autre écrit de la sorte ? Qui d'autre produit autant en si peu de temps ? Vingt pages en moins d'une journée. Un livre en une semaine. Six ou même huit ouvrages dans une seule année, comme en 2018 ! Et toujours avec cette urgence. Écrire vite, comme si on avait la mort aux trousses. C'est l'histoire de ce manuscrit de 20 pages, qui est un droit de réponse à une attaque encore ni formulée ni publiée ! Parce que l'on ne sait pas ce qui peut arriver demain. Je trouvais cela finalement impressionnant de force vitale et d'énergie. Comme une virtuosité. « Mozart ! » m'avait dit Jean-Paul Enthoven. Une comparaison sans doute plus juste que le rapprochement fait avec le dieu romain du feu et des volcans. Même si la constitution fragile du musicien était à l'inverse de celle du philosophe, à la physionomie robuste et puissante. Mais Mozart tout de même, du moins celui à qui l'empereur Joseph II avait dit, dans une réplique devenue célèbre, après une représentation triomphale, en 1782, de *L'Enlèvement au sérail* : « Trop beau pour nos oreilles et bien trop de notes, mon cher Mozart ! » Ce à quoi le compositeur aurait rétorqué : « Juste autant qu'il est nécessaire,

Sire ! » Trop de notes pour Mozart, et trop de mots pour Onfray… Mais « juste autant qu'il est nécessaire », pourrait parfaitement rétorquer le philosophe.

Thierry posa la dernière feuille de ce manuscrit à côté de lui, sur le canapé de son salon, et sourit en levant la tête vers moi : « Il faut reconnaître que le texte est drôle, en même temps que cinglant. Ces pages nous renseignent bien, en tous les cas, sur les us et coutumes de ce quartier d'intellectuels aux yeux d'Onfray. Le texte est violent, trop, à mon avis, pour être publiable en l'état. Quoique… »

Thierry marqua une pause, pour réfléchir à l'argument qu'il lui venait. Il décida de poursuivre à voix haute son questionnement : « Tu te souviens de cette lettre à Emmanuel Macron qu'Onfray a écrite, et rendue publique, cette fois-ci, en 2018 ? Elle s'intitulait, si je me souviens bien, “Lettre à Manu sur le doigté et son fondement”.

— Ah oui ! Je l'ai même relue récemment, dans la revue de presse que j'ai faite sur Onfray. Elle commence ironiquement par quelque chose comme : “Votre Excellence, votre Sérénité, votre Altesse, mon cher Manu”. Il revient dans ce texte sur la photographie du chef de l'État, prise à Saint-Martin, avec deux jeunes hommes, torse nu, dont l'un adresse un doigt d'honneur à l'objectif. Partant de ce geste, le philosophe se lance dans une métaphore filée, un peu douteuse, sur le doigté, ce qui a suscité une vive polémique. Avec cette conclusion à son billet où il compare la politique d'Emmanuel Macron à un *fist-fucking* : “La main, puis tout le bras dans le cul.”

— Eh bien, je vais te dire, cette lettre, qui était profondément vulgaire, c'est certain, était assez drôle en réalité !

— Drôle ? Tu es sûr…

— Dans ces deux textes, continua Thierry, celui que je viens de lire comme celui du doigté, c'est le côté rabelaisien d'Onfray. C'est effectivement totalement contraire à l'esprit de l'époque, et sans doute même aux lois actuelles. Je ne dis pas que je trouve cela élégant, mais ce n'est pas l'objet finalement : avec ces textes, on a l'impression d'écouter du Depardieu ! C'est clairement offensant, mais est-ce que l'on ne doit pas supporter d'être offensé ? Pourquoi ne pourrait-on pas faire affront au chef de l'État, tout comme à Bernard-Henri Lévy ou à Jean-Paul Enthoven ? Ils occupent des places, ils incarnent des milieux, ils investissent les médias, ils pèsent dans les débats publics. Pourquoi devraient-ils être épargnés ? C'est tout l'esprit de la satire finalement : attraper par leur caricature ces personnages publics, les saisir en chaire, à table, dans la rue, et même chez eux, et le faire avec irrévérence.

— BHL ne serait pas d'accord avec toi, Thierry. Il a pris la plume pour répondre au billet d'Onfray sur Emmanuel Macron, dans son bloc-notes du *Point*. Si je m'en souviens bien, il a parlé d'une prose infréquentable, d'une vulgarité salissante et avilissante, d'une scatologie digne des pamphlétaires, certes, mais de caniveau…

— Souviens-toi des crudités de Rabelais… »

En défendant finalement la liberté de ton et l'impertinence, Thierry me renvoyait aux conversations que j'avais eues ces derniers mois : « En fait, je vais te dire ce qui rend mon enquête vraiment intéressante, avec toutes ces personnes, c'est justement ce langage décomplexé, ces expressions truculentes, en même temps que cinglantes, qu'elles ont toutes quand elles parlent les unes des autres. Onfray est celui qui pousse la transgression le plus loin, ne serait-ce que parce qu'il la met par écrit et qu'*il n'a même pas peur*, comme disent les enfants. Ni de rendre ces écrits publics, ni de ce que l'on va penser de lui à leur lecture… Il assume tout, même le mauvais goût !

— C'est important le mauvais goût ! » me rétorqua immédiatement Thierry.

Et dans un mouvement de la main, théâtral, il conclut ainsi : « N'est-ce pas même ce que l'on appelle le style ? »

Une réplique associée au geste que Gérard Depardieu se serait volontiers appropriée, me suis-je dit.

« Cela me fait penser à la citation de Baudelaire sur le mauvais goût, ajoutais-je. Tu la connais ?

— Non…

— "Ce qu'il y a d'enivrant dans le mauvais goût, c'est le plaisir aristocratique de déplaire"… Michel Onfray en grand aristocrate de la provocation et de la vulgarité ! Crois-tu qu'il aimerait l'idée ? »

Je m'amusais intérieurement de cet échange. Je connaissais l'attrait intellectuel de Thierry pour la transgression. En tant que professeur, il avait toujours enseigné à ses élèves de ne jamais s'autocensurer. Pour lui, la censure était toujours démultipliée par l'autocensure, il fallait donc oser tout dire, et combattre ce qu'il ne nous plaisait pas d'entendre, mais surtout ne pas vouloir l'interdire. Je savais que pour lui des textes sans filtre, comme ceux de Michel Onfray, faisaient du bien tant à la liberté de penser qu'à celle de réagir.

Je poursuivis le lien entre notre conversation et mon projet d'écriture : « J'aimerais que Michel Onfray comme Jean-Paul Enthoven acceptent que je n'aseptise rien de leurs propos dans mon livre. Mais je crains leur contradiction : ils sont sans pitié quand ils me parlent, semblant accepter le jeu d'une expression libre, mais ne vont-ils pas se rebeller en lisant, écrites noir sur blanc, les critiques qui les concernent ? Ces deux hommes convoitent, dans le fond, de me convaincre. Ils mettent beaucoup de cœur pour cela dans nos conversations, et ils attendent certainement que je tranche en leur faveur à chacun. Et derrière moi, dans leur combat ontologique, c'est bien le suffrage populaire qu'ils veulent gagner… »

Thierry acquiesça, mais son œil frétilla. J'avais vu juste – il faut dire que je le connaissais depuis tant d'années : « Tu ne pourras certes pas reproduire ou citer des extraits de ce manuscrit, puisqu'il n'est pas publié et que tu n'en as eu la jouissance que pour une lecture. Mais, pour le reste, si j'ai un conseil à te donner : écris ce que tu as envie d'écrire, *ne-te-censure-pas.* »

Je souris en entendant ce conseil et le laissai poursuivre : « Donne-leur à tous les deux du grain à moudre, et tu verras bien leur réaction. De toute façon, cette hostilité entre les deux hommes touche aux particularités du boomerang…

— Du boomerang ? » lui demandai-je, cette fois-ci interloquée.

Thierry soignait ses effets, et c'était peut-être là son seul défaut de professeur : il aimait assez qu'on les remarque.

« Une amitié brisée, reprit-il, c'est un objet volant qui vous revient souvent dans les maxillaires à l'heure des débâcles ! »

Aurais-je pu mieux dire ? Je ne crois pas.

18

Tout de même, la vie est une chose étrange.

L'ombre de Bernard-Henri Lévy planait au-dessus de mon projet depuis plusieurs mois maintenant sans que j'ose chercher à le rencontrer.

Cet homme m'intimidait, je devais bien l'admettre. À ma décharge, son personnage public dégageait peu de chaleur, celle qui amène les autres vers soi.

Luc Le Vaillant avait fait plusieurs portraits de BHL dans *Libération*. Il m'avait parlé d'un homme public véhément, souvent dans l'emphase, mais aussi d'un homme privé secret. Il m'avait prévenue de ce dispositif complexe pour bloquer toute publication qui n'aurait pas reçu son *imprimatur*. Mais il avait cherché aussi à me rassurer : BHL, il me l'assurait, savait être drôle, avec de l'ironie sur lui-même. « Le contraire d'Onfray », m'avait-il glissé, avec un sourire.

Et voilà que le hasard mit cet homme sur ma route.

Je me trouvais à l'angle des avenues Gabriel et Marigny, dans le quartier des Champs-Élysées, à Paris. J'attendais ma mère, avec qui j'allais voir jouer, seul en scène, l'acteur André Dussollier au théâtre Marigny. J'étais arrivée en avance, et avais décidé de rester dehors, puisque le temps s'y prêtait. Je m'étais appuyée, un peu à l'écart du théâtre, sur un rebord de muret, à observer la foule des spectateurs qui commençait à se masser devant le large porche de l'entrée de Marigny. C'est alors que je vis Bernard-Henri Lévy passer devant moi, d'un pas pressé, silhouette grande et droite, le front serré, un téléphone portable vissé à l'oreille, manifestement très concentré sur une conversation. À quelques mètres derrière lui, un garde du corps, parfaitement reconnaissable dans sa fonction, lui emboîtait le pas, au même rythme, pour continuer sa mission de surveillance qui se transformait là en filature.

Le théâtre Marigny a été construit en 1883 par Charles Garnier, avec une architecture circulaire, en rotonde. Bernard-Henri Lévy, dans sa marche rapide, semblait coller à la façade du bâtiment, bien décidé, le temps qu'allait durer sa conversation, à en faire le tour… C'est ainsi que je le vis passer une première fois, puis une deuxième, une troisième et jusqu'à une quatrième fois devant moi ! Son pas paraissait même s'accélérer à chaque passage. Et son garde du corps se livrait au même exercice, toujours quelques mètres derrière, devant coller aux grandes enjambées énergiques de BHL.

Ce spectacle était étonnant à observer. Je me demandais, avec amusement, quand cette vélocité pédestre et téléphonique allait cesser.

BHL portait ce soir-là un costume foncé avec sa fameuse chemise blanche, au col échancré. Plus qu'une chemise, un emblème. Rares sont ceux que l'on peut évoquer au travers d'un simple vêtement. J'avais devant moi le personnage tant de fois vu à la télévision.

Lors de son quatrième passage, Bernard-Henri Lévy me regarda. Ses yeux qui ne s'étaient jusqu'alors fixés sur rien ni personne – il marchait sans faire attention à quoi que ce soit – se posèrent quelques instants sur moi. Il m'observait à son tour, sur ces quelque 75 ou 90 degrés de circonférence de rotonde qui nous liaient l'un à l'autre. Dans un effet paradoxal, ma solitude, à l'écart des autres spectateurs, et ma sage immobilité, quatre fois répétées sous ses yeux, avaient sans doute capté son attention.

Ma mère arriva à ce moment-là. Je lui racontai la scène.

« Mais c'est formidable, me dit-elle ! Tu n'as qu'à l'arrêter au prochain tour. Et si tu n'oses pas, je le ferai pour toi ! Tu sais que BHL et moi sommes nés la même année, en 1948 ! » ajouta-t-elle, comme pour légitimer une espèce de communion de génération qui justifierait un passage à l'acte.

Nous ne revîmes pas Bernard-Henri Lévy repasser pour un cinquième tour, avec son *bodyguard* sur les talons. Et j'eus beau le chercher des yeux, ensuite, à l'intérieur du théâtre – parce qu'il n'y avait aucun doute qu'il devait assister, lui aussi, à cette pièce… Cette marche circulaire autour du bâtiment devait bien le conduire à y entrer, à un moment donné – il avait disparu. Je m'en sentis soulagée, je n'avais pas eu à me faire violence pour braver l'appréhension que cet homme m'inspirait. Peut-être à tort, je pensais qu'un assaut spontané, dans le hall du théâtre, pour lui parler de mon projet de livre, ne serait pas bien accueilli. Et je m'étais ainsi également évité d'interdire à ma mère de me suppléer. Elle aurait été volontaire, et plus j'aurais tenté de l'en dissuader, plus sa propension à agir aurait été forte. Ma mère, qui est donc née en 1948, appartient à cette génération qui a fait la révolution vingt ans plus tard, en 1968, et dont une infime poignée – à laquelle elle appartient – est restée, à 70 ans passés, profondément libertaire : rien ne l'effraie, jamais, et aucun interdit – je dis bien, aucun ! – ne doit lui être posé, rejoignant là un fameux slogan que l'on prête à ses congénères : « Il est interdit d'interdire. »

De retour chez moi, après avoir vu sur scène André Dussollier déclamer, le verbe assuré, des textes de Devos, Baudelaire ou Aragon, je décidai, non pas de prendre contact avec Bernard-Henri Lévy – je contournais encore l'obstacle, définitivement trop périlleux pour moi – mais d'aller à la rencontre d'une personne qui m'aiderait à faire le lien entre Michel Onfray, Jean-Paul Enthoven et lui. Thierry m'avait déjà donné ce conseil, j'allais donc l'appliquer.

Ce serait le P.-D.G. des éditions Grasset, Olivier Nora. Qui, mieux que lui, pouvait, en effet, revêtir ce rôle de décrypteur, de sémiologue, d'une relation complexe entre trois personnages qui ne l'étaient pas moins ?

Je me présentai à lui, par e-mail, en mentionnant mes échanges avec Onfray et Enthoven, bien évidemment. Il accepta de me voir sans difficulté. Le rendez-vous fut donné rue des Saints-Pères, au siège des éditions Grasset.

Je connaissais bien cet endroit, de l'extérieur. Une des entrées de Sciences Po se trouve rue des Saints-Pères, quasiment en face de l'immeuble des éditions Grasset. J'avais donc déjà pu observer, pendant mes années d'études, cette façade grise, avec de faux pilastres à l'antique, et cette petite vitrine qui expose, au numéro 61, les dernières actualités de la maison.

Au tout début des années 2000, ma mère était venue précipitamment photographier la vitrine en me disant qu'elle allait peut-être disparaître. Elle avait appris que les propriétaires de l'immeuble étaient décidés à vendre – Grasset n'étant que locataire des lieux, mais depuis 1910 ! Sa crainte était qu'un marchand de luxe soit intéressé pour racheter, afin de mettre fin au bail de Grasset et transformer les anciens bureaux en boutique grandiose.

Ma mère s'était en effet lancée, depuis une dizaine d'années, dans un exercice très personnel : prendre en photo, à Saint-Germain-des-Prés, tout ce qu'elle imaginait condamné à partir un jour.

Saint-Germain avait été son quartier, à elle aussi. À 20 ans, elle y avait donc fait la révolution, soulevant les pavés du boulevard avec ses camarades de la faculté de Nanterre, où elle étudiait la sociologie aux côtés de Daniel Cohn-Bendit. De sa participation à cette révolution, il restait une belle photo : celle qui fit la couverture du magazine *Elle*, pour son numéro spécial, intitulé sobrement « Mai 68 » ; ma mère occupe la pleine page de cette « une », avec sa blondeur, son sourire et sa jeunesse. Elle a 20 ans et est donc choisie par le photographe du journal pour incarner toutes les femmes de sa génération.

Après ses études, elle a travaillé à Saint-Germain-des-Prés, dans une autre maison d'édition qui avait pignon sur rue, avec son immeuble historique et son arbre sacré, de dix mètres de hauteur, qui en bouche la vue, au 27, rue Jacob : les éditions du Seuil. Un arbre, m'avait-elle raconté, que personne n'était jamais venu planter. Il était né comme ça, tout seul, au hasard d'une graine apportée par le vent, dans cette petite cour de la rue Jacob, où les éditions du Seuil s'étaient installées en 1945. L'arbre et la maison avaient grandi et prospéré ensemble.

« Le monde d'hier, celui que j'ai connu, est en train de disparaître, ma fille, je veux en garder le souvenir. »

Voilà ce qu'elle me disait dès qu'elle se saisissait de son vieil appareil photo argentique pour figer sur la pellicule certaines vitrines et boutiques du quartier, celles qui échappaient encore à la mode et aux vêtements, pour vendre des maquettes de bateaux, des chapeaux, des bibelots ou des armes anciennes. Elle photographiait aussi les minuscules échoppes, de coiffeur par exemple, qui sentaient bon les années 1950. Sur ces clichés, on retrouve Yvonne, sa coiffeuse. Toutes les deux avaient démarré, la même année, leur vie professionnelle dans le quartier. Ma mère voulait aussi garder une trace de ces élégantes devantures à l'ancienne, celles notamment des vieilles pharmacies, qui dataient, pour certaines, d'avant-guerre, et dont elle sentait l'espérance de vie limitée.

À côté de sa coiffeuse, elle photographia d'autres personnages du quartier, qu'elle connaissait et appréciait : les kiosquiers (leur nombre diminuait avec les années) ou les vagabonds, dont le plus célèbre, Jean-Marc… vingt ans de manche, entre *Les Deux Magots* et le *Flore*.

Si elle se livrait, avec tant de rigueur, à cet exercice, c'est parce qu'elle avait vu arriver les premières boutiques de luxe, et assisté, simultanément, avec tristesse, aux premières fermetures de librairies. Situé à l'angle de la rue Bonaparte et de la rue de l'Abbaye, *Le Divan*, fondé au début du siècle par Henri Martineau, était déjà devenu, en 1996, un magasin Dior. Elle l'avait évidemment pris en photo avant sa disparition. Ce sont les éditions Gallimard, propriétaire du bail (mais pas des murs, qui appartiennent à la Ville de Paris), qui signèrent cette cession au couturier. La même année, Publicis revendait le fameux *Drugstore* du boulevard Saint-Germain à Armani, un autre couturier. Là encore, ma mère avait été présente, avec son appareil photo. Le créateur italien avait dépensé 100 millions de francs pour en faire un magasin de luxe. Un mouvement qui n'était que le début d'une transformation profonde qui allait emmener Saint-Germain-des-Prés, le quartier littéraire parisien, vers un copié-collé de l'avenue Montaigne ou du faubourg Saint-Honoré. Avec un groupe de luxe qui finirait par régner en majesté : LVMH. Son immense boutique Louis Vuitton allait occuper, à partir de 2011, le cœur stratégique du quartier, avec ses deux entrées : la première, sur le boulevard Saint-Germain, stratégiquement placée entre le *Café de Flore* et *Les Deux Magots*, en face de la brasserie Lipp ; la seconde, majestueuse – ou tape-à-l'œil, selon les points de vue – en face de la vénérable église du quartier au clocher millénaire. L'emplacement de cette grande boutique est d'autant plus symbolique qu'il est celui de l'ex-centre culturel du quartier et d'une autre librairie, La Hune, qui s'était installée là, en 1949, pour devenir le lieu de rendez-vous de toutes les figures intellectuelles et artistiques de l'après-guerre. Une seule librairie reste aujourd'hui en place, dans le quartier, *L'Écume des pages*, rachetée, à l'été 2023, par Vincent Bolloré.

Ma mère me montre souvent cet album, constitué au fil des années. Les photos ne sont pas toutes de qualité. Certaines sont même carrément floues. Elle est malheureusement une piètre photographe, et a toujours refusé de passer au numérique (tout comme au clavier, au traitement de texte et à Internet). Mais je suis touchée, à chaque fois, de feuilleter ces clichés et d'y voir, en effet, un quartier – un village, le sien – aujourd'hui disparu.

Les éditions Grasset sont restées, elles, rue des Saints-Pères. Au moment de la vente de leur immeuble, elles ont pu suivre les enchères immobilières. Car c'est bien le prix au mètre carré qui régit aujourd'hui toutes les rues et les pas-de-porte de Saint-Germain-des-Prés. Grasset est parvenu à résister, et c'est un peu le dernier souffle d'un esprit intellectuel qui rôde ainsi encore entre deux sacs Vuitton. Au moins une grande maison d'édition aura su garder son identité et sa mémoire… tant d'autres, comme le Seuil, sont parties s'exiler dans des quartiers moins chers, mais avec des locaux plus rationnels.

Quand je suis arrivée, rue des Saints-Pères, pour mon rendez-vous avec Olivier Nora, je fus, en effet, frappée par l'étroitesse et l'incommodité des lieux : depuis l'accueil, qui est un hall d'entrée modeste, avec un comptoir situé derrière la vitrine de livres que l'on voit depuis la rue, on me fit monter au premier étage par un escalier assez raide ; de là, je découvris une succession de pièces d'appartement transformées en bureaux, qui filaient en escargot autour de la cour de l'immeuble. Je devinais au moins deux étages supérieurs qui devaient ressembler à celui-ci. Des murs blanc cassé, une moquette et des planchers usés, et beaucoup de recoins qui dissimulaient de petits bureaux et des collaborateurs de la maison qui s'entassaient là, comme ils le pouvaient, dans un désordre bohème. Je fus accueillie à ce premier étage par Olivier Nora, un homme affable, qui dégageait un calme et une élégance patricienne. Né en 1960, il est de la même génération que Michel Onfray. Mais sa généalogie n'a rien à voir. Olivier Nora est le fils de Simon Nora, ancien résistant, haut fonctionnaire, collaborateur de Pierre Mendès France, puis inspirateur de la « nouvelle société » de Jacques Chaban-Delmas. Il est aussi le neveu de deux intellectuels estimés, qui l'ont beaucoup influencé : Pierre Nora, académicien, directeur de la revue *Le Débat*, et François Furet, l'historien de la Révolution française. À cette hérédité déjà remarquable, on pourrait aussi ajouter qu'Olivier Nora est un petit-cousin de Valéry Giscard d'Estaing. Le confort des grandes dynasties intellectuelles est donc posé. Mais aussi l'exigence académique de ces mêmes dynasties. École alsacienne, lycée Henri-IV, Normale sup (en lettres modernes), le futur P.-D.G. des éditions Grasset n'avait sans doute pas d'autre option que de suivre le parcours de l'excellence.

Son bureau, où il me fit entrer, n'avait rien de cossu. Un bureau d'intellectuel, à l'image des lieux. Deux fauteuils clubs, en cuir marron, nous attendaient, près de la fenêtre, sur cour, pour commencer la conversation.

19

Olivier Nora entra facilement dans le vif du sujet et de mes questions. Il fut l'un des observateurs privilégiés de l'entente, puis de la brouille entre Michel Onfray et Jean-Paul Enthoven. L'histoire qu'il me raconta était bien celle que j'avais comprise. Il m'en parla avec subtilité et précaution envers les deux protagonistes, s'abstenant de prendre parti, mais avec une transparence qui rendit nos échanges simples et ouverts.

« Leur rapport était très proche, intense, amical et même affectueux[1], m'expliqua-t-il. Jean-Paul se sentait un rôle de formateur, il donnait à Michel des conseils de vie, de savoir-être dans cette société parisienne. Rétrospectivement, quand Michel a commencé à m'en parler, au moment où les rapports se sont distendus, j'ai compris qu'il l'avait vécu comme une blessure. Quand on connaît les deux hommes, on peut comprendre que ce que Jean-Paul considérait comme une générosité était perçu par Michel comme une attitude complètement à côté de la plaque. Jean-Paul a dû lui jouer un grand numéro de snobisme et de dandysme, avec ce regard

1. Entretien avec l'auteure, le 4 mai 2021.

protecteur mais vaguement condescendant du Parisien, germanopratin, à des années-lumière de ce qu'était Michel. Que Michel, qui garde en lui une blessure originelle très forte, ait pu vivre ça comme une réactivation de cette blessure, n'est pas une surprise non plus. Chacun a un regard très subjectif sur la façon dont les choses se sont passées. »

Au-delà de cette « antimatière » que représentait, l'un pour l'autre, Onfray et Enthoven, et que j'avais déjà explorée, j'étais venue voir Olivier Nora avec l'objectif de mieux comprendre les événements qui avaient contribué à précipiter la fin de leur relation. Si leur amitié avait existé – et c'était là ma thèse –, c'était parce qu'ils s'étaient tous deux, au moment où ils partageaient ce même objectif de conquête littéraire, entre-trompés et entre-flattés, il avait donc bien fallu, à un moment donné, que se manifeste une exigence de vérité.

Et celle-ci avait certainement surgi lors de la sortie du livre sur Freud… Une affaire dans laquelle Bernard-Henri Lévy semblait avoir joué un rôle significatif.

Pour cet échange avec Olivier Nora, j'avais tenté de rassembler tous les éléments objectifs qui m'avaient été relatés par Michel Onfray et Jean-Paul Enthoven. Il fallait commencer par remonter aux sources, c'est-à-dire au moment où les trajectoires des deux philosophes, Onfray et BHL, se croisent. Cela se produisit assez tôt, et bien évidemment, rue des Saints-Pères, chez Grasset.

Dans les années 1970, Bernard-Henri Lévy est le chef de bande des « nouveaux philosophes », ce groupe d'intellectuels, aux profils et aux parcours différents, mais qui se retrouvaient sur un point : en finir avec la pensée marxiste qui, selon eux, dominait la scène intellectuelle française de l'époque. Tous voulaient mener un nouveau combat : celui de l'antitotalitarisme. BHL invente alors la figure de l'intellectuel médiatique qui domine désormais les laborieux professeurs de l'université. Grasset, et plus exactement l'éditrice Françoise Verny – subjuguée par ce jeune homme encore dans sa vingtaine, qui ressemble à un personnage romantique, avec sa longue chevelure noire –, tient absolument à l'enrôler pour animer pas moins de trois collections dans la maison d'édition, dont « Figures », qui accueillera les premiers livres de Michel Onfray.

Droits de l'homme, antiracisme, antifascisme, antitotalitarisme d'hier et d'aujourd'hui, mondialisation heureuse… voilà l'identité philosophique de BHL qui sera, dans les années 1990, au moment où Michel Onfray publie son premier ouvrage chez Grasset, au faîte de son influence éditoriale et médiatique. Il lance sa revue, *La Règle du jeu*, en 1990, distribuée par Grasset également, et qui devient un haut-parleur utile à ses positions.

Bernard-Henri Lévy ne l'a jamais caché, il fonctionne en clan et en lien avec d'impressionnants réseaux médiatiques, économiques et politiques. Jean-Paul Enthoven est à la fois l'ombre et « le frère choisi », comme l'écrit le philosophe dans son livre *Nuit blanche*[1]. « Un frère absolu », m'avait dit de son côté l'éditeur, quand nous avions parlé de BHL. La hiérarchie était donc posée : Michel Onfray n'avait été qu'un « petit frère », temporaire sur la trajectoire d'une existence, mais l'amitié véritable, celle, toujours sincère, qui élève l'âme au-dessus du jeu des apparences, est celle qui le lie à Bernard-Henri Lévy.

Gilles Hertzog est le second fidèle, au poste de rédacteur en chef (de 2003 à 2009) de *La Règle du jeu*. Et des hommes

1. Bernard-Henri Lévy, *Nuit blanche*, Grasset, 2025, p. 46.

d'affaires, comme Alain Minc, Pierre Bergé ou François Pinault, sont des amis indéfectibles.

Dans ces années 1990, BHL participe donc indéniablement au lancement de la carrière de Michel Onfray, ne serait-ce qu'en laissant Jean-Paul Enthoven introduire son jeune auteur dans sa collection, puis dans sa revue. Michel Onfray y publiera en effet six articles, jusqu'à un changement de formule, en 1998.

À partir de ces faits, les points de vue divergent. A-t-il existé une proximité réelle entre BHL et Onfray ? Les papiers qu'ils écrivent aujourd'hui l'un sur l'autre sont d'une inclémence absolue. La férocité de leur plume n'a rien à envier aux coups portés à l'épée lors des duels des siècles passés. C'est à qui fera mouche et tuera, d'un mot, l'adversaire. Onfray et sa « prose infréquentable ». BHL et sa « pensée qui n'est pas le produit d'une démonstration, mais celui d'une danse hypnotique ». Les oppositions sont tranchées, la dualité exacerbée. Pourtant, BHL a trouvé les premiers livres d'Onfray brillants, et s'est félicité de la naissance de ce talent chez Grasset. Jean-Paul Enthoven, tout comme Olivier Nora, me l'a confirmé. BHL passe même, à cette époque, quelques coups de fil utiles pour permettre à ce jeune philosophe venu de Normandie d'écrire aussi des papiers dans la presse. C'est un journaliste, Maurice Szafran, un des anciens rédacteurs en chef de *L'Événement du jeudi*, qui partagea avec moi cette recommandation directement reçue de BHL au moment où le journal cherchait un contributeur pour ses pages débats et idées. Un BHL qui lui avait présenté Michel Onfray comme « le philosophe des années à venir ». C'est à cette époque aussi que *Le Canard enchaîné* se moque du « petit protégé de BHL ».

Du côté de ce dernier, la reconnaissance d'être édité dans la collection « Figures » est là. Lui-même me l'avait dit. Aucune hostilité, donc, au début de ces années 1990.

Et puis, Michel Onfray se crée un public, une notoriété, et commence à exister d'une manière éclatante et encore œcuménique : au début des années 2000, entre son passé de philosophe hédoniste et son combat contre le Front national, avec la création de l'Université populaire, il peut faire toutes les couvertures de magazines qu'il souhaite, il est aimé et réclamé.

Dans le même temps, l'étoile médiatique et intellectuelle de BHL commence quelque peu à pâlir. *Qui a tué Richard Pearl ?*, publié en 2003, revient sur le drame atroce de ce journaliste américain du *Wall Street Journal* qui fut pris en otage au Pakistan, puis égorgé devant une caméra par un groupe de fanatiques islamistes. Le livre inspire cette formule à la veuve de Richard Pearl : BHL, « un homme dont l'ego a détruit l'intelligence ». En 2010, son ouvrage, *De la guerre en philosophie*, qui doit signer son grand retour sur la scène philosophique et conceptuelle, l'empêtre dans un canular retentissant. À la page 122, BHL mentionne les recherches sur Kant d'un certain Jean-Baptiste Botul, qui aurait définitivement démontré « au lendemain de la Seconde Guerre mondiale, dans sa série de conférences aux néokantiens du Paraguay, que leur héros était un faux abstrait, un pur esprit de pure apparence ». Seul problème, Jean-Baptiste Botul n'a jamais existé ! Pas plus que ses conférences dans la pampa, auxquelles BHL se réfère. Ce penseur méconnu est le fruit d'un traquenard et de l'imagination fertile de Frédéric Pagès, agrégé de philosophie et plume du *Canard enchaîné*. La presse s'amuse : « Renseignement pris, personne ne s'était encore jamais pris sans airbag cet énorme platane. C'est désormais chose faite. Toutes proportions gardées, c'est un peu comme si Michel Foucault s'était appuyé sur les travaux de Fernand Raynaud[1] pour sa leçon inaugurale au Collège de France. Mais alors, qu'a-t-il bien pu se passer dans le cerveau infaillible de notre vedette philosophique nationale ? Une fiche mal digérée ? Un coup de sirocco à Marrakech[2] ? »

Bernard-Henri Lévy affronta la polémique, non sans élégance. Dans une chronique pour son blog La Règle du jeu[3], il avoua avoir été piégé par « un canular » : « Un très brillant et très crédible canular sorti du cerveau farceur d'un journaliste du *Canard enchaîné*, au demeurant bon philosophe. Et je me suis donc laissé prendre, comme s'y sont laissé prendre les critiques qui l'ont recensé au moment de sa sortie. Du coup, une seule chose à dire et de bon cœur. Salut l'artiste ! »

En 2011, l'implication de BHL, en tant qu'envoyé spécial de Nicolas Sarkozy, dans ce qu'il nomme sa « guerre juste » en Libye, nourrit une nouvelle controverse et alimente une hostilité publique grandissante. On lui reproche son internationalisme. Il assume, sans doute un peu trop : « Je suis sourd à la question sociale », aurait-il déclaré, en 2007, au journal *Libération*. Bernard-Henri Lévy ne se souvient pas d'avoir tenu ces propos. Je l'ai entendu s'en expliquer dans une émission de télévision, en même temps que commençait

1. Humoriste français qui connut un véritable succès dans les années 1960.

2. Aude Lancelin, « BHL en flagrant délire. L'affaire Botul », « Bibliobs », *Le Nouvel Observateur*, 8 février 2010.

3. « Vive Jean-Baptiste Botul ! Pour Lacan et contre l'évaluation. De qui se moque Olivier Besancenot ? », 8 février 2010.

mon enquête : « Je regarde aussi la misère au coin de la rue. Entre tous mes reportages à l'international, je faisais des chroniques aussi sur cette misère-là. Mais il y a pour celle-ci une fraternité relativement facile. Fraternité avec mes voisins, mes proches, ceux qu'il faut privilégier, selon le Front national, plutôt que la fraternité avec mes lointains. C'est le théorème de Jean-Marie Le Pen. Face à cela, il y a le théorème de Montesquieu qui repousse les frontières de cette altérité. Et quand on peut le faire, c'est bien aussi[1]. »

Michel Onfray a la posture inverse. Dans plusieurs de ses livres, et notamment *Politique du rebelle*, publié en 1999, il plonge dans l'indigence du coin de la rue pour en faire une description rigoureuse. Il s'implique dans ce qu'il appelle une « cartographie infernale de la misère ». Il s'en émeut, se révolte et se considère comme assez isolé dans sa corporation, dénonçant ces philosophes – sans les nommer, mais dont la description parle d'elle-même – « plus soucieux des misères du monde quand elles paraissent nobles, dignes, susceptibles d'ouvrir les portes d'une reconnaissance médiatique ou d'un hypothétique prix Nobel, [des philosophes qui] ne tarissent pas de manifestes, de pétitions, de prises de position quand la misère est propre, c'est-à-dire quand elle révèle des guerres, des génocides sanglants, des combats planétaires entre puissances affolées[2] ».

Michel Onfray défend donc le peuple français qui souffre, quand Bernard-Henri Lévy se préoccupe des damnés de la terre. Le provincial enraciné et le grand Parisien nomade. À chacun son identité, son combat, et la noblesse de celui-ci.

1. « C ce soir », France 5, 4 mai 2021.
2. Michel Onfray, *Politique du rebelle*, *op. cit.*, p. 64.

Dans les années 2000, à l'applaudimètre de la popularité, l'ancien et modeste professeur de lycée technique d'Argentan est donc passé devant le célèbre et notable normalien parisien. L'hebdomadaire *L'Obs* s'en fait l'écho, en 2010, avec ce titre : « Et Onfray détrôna BHL ». « Avec son pavé anti-Freud de six cents pages, Michel Onfray s'impose comme le premier intellectuel médiatique de France », écrit le journal qui compare les ventes des deux philosophes : Onfray, 280 000 exemplaires pour *Le Traité d'athéologie* et 100 000 pour *Le Crépuscule d'une idole* ; et BHL, 5 500 ventes pour *De la guerre en philosophie.*

Michel Onfray en espérait-il une forme d'attention et de respect plus appuyés de la part de Bernard-Henri Lévy ? Il m'avait clairement répondu que non. Et, comme pour illustrer ce propos catégorique, il m'avait indiqué n'avoir vu BHL que trois fois dans sa vie, sans jamais rien attendre du personnage.

Olivier Nora apporta une petite nuance, en observateur de cette époque : « Michel a sans doute souffert de n'être pas reconnu par Bernard. Il n'y a jamais vraiment eu de dialogue intellectuel entre eux. Michel était dans un angle mort pour BHL, il n'a jamais appartenu à sa cosmogonie. De fait, on voit bien que dans les disputes intellectuelles, il y a, à chaque fois, la reconnaissance de ceux qui sont vos contemporains capitaux, vos adversaires intellectuels : Sartre-Aron, Sartre-Camus… Bernard vit plus Alain Finkielkraut comme son contemporain capital, ou même Alain Badiou, que Michel Onfray. »

À ce moment de la conversation, j'aurai dû demander à Olivier Nora : pourquoi ? D'où venait ce relatif mépris de BHL vis-à-vis d'Onfray ?

Mais j'eus ma réponse, un peu plus tard dans notre échange. « Michel Onfray est un autodidacte », me dit, en effet, Olivier Nora, au détour d'une phrase. Ce mot, « autodidacte », qui apparut l'air de rien, me frappa, au point de distraire mon attention de la suite des propos d'Olivier Nora. Je sentais que ce dernier appréciait Michel Onfray et qu'il ne cherchait donc pas à lui nuire. Aucune condescendance volontaire ou déni de capacité de sa part quand il employa ce terme. Mais implicitement, cela signifiait bien que Michel Onfray occupait une place à part dans le cercle privilégié des intellectuels qu'Olivier Nora fréquentait depuis si longtemps, et particulièrement parmi les philosophes qui ont les honneurs des grandes maisons d'édition. Contrairement à la majorité d'entre eux, Michel Onfray n'est effectivement pas passé par Normale sup ou par l'agrégation ; il n'a pas eu de carrière universitaire ou même enseigné dans le supérieur. Il ne fut qu'un professeur modeste de terminale technologique à Argentan.

Mais tout cela faisait-il de lui, littéralement, un « autodidacte » ? Selon la définition du mot, une personne qui s'est instruite par elle-même, sans professeur ? Quand on considère que Michel Onfray a obtenu un DEA[1] et soutenu une thèse de philosophie, on est loin d'une instruction par soi-même…

Ce monde intellectuel parisien serait-il snob au point de considérer qu'au-dessous d'un certain seuil de diplôme, il n'existe finalement point de reconnaissance réelle ? Je me posais cette question, assise en face d'Olivier Nora, qui continuait de me parler. Et je pris alors conscience, d'un coup, que je me trouvais dans un bureau qui faisait

1. Le diplôme d'études approfondies (DEA) est un ancien diplôme de l'enseignement supérieur de niveau bac +5.

face à mon ancienne école : Sciences Po ! Je connaissais donc la réponse à cette question. Parce qu'elle dépassait la sphère philosophique. C'était un problème très français lié à la caste, qui valait aussi pour la haute administration : ceux qui ont fait Sciences Po et l'ENA, et ceux qui ne l'ont pas fait. Qui valait aussi pour le monde scientifique et technique : ceux qui ont fait Polytechnique, et ceux qui ne l'ont pas fait. Pour être passée par une grande école, je savais tout cela. Et la société intellectuelle n'y échappait pas non plus. Sous des apparences méritocratiques, elle relevait bien plus, elle aussi, d'un procédé aristocratique : avec les bons diplômes, on peut devenir vicomte ou marquis, on est coopté et plus rien ne peut vous arriver ! Sans l'agrégation ou un passage par Normale sup, Michel Onfray, « l'autodidacte », ne pouvait donc prétendre, dans cette intelligentsia parisienne, à un vrai titre de noblesse, qui l'aurait positionné dès son arrivée comme un interlocuteur solide, notamment pour un homme tel que Bernard-Henri Lévy, lui-même passé par ce parcours de l'excellence académique.

Je pensais alors à Albert Camus, qui avait été victime, lui aussi, de ce mépris et de cette chasse à courre, en meute, de la caste intellectuelle parisienne. Ni docteur, ni agrégé, ce fils de femme de ménage d'Alger avait été snobé, à l'époque, par les grands bourgeois gauchistes de Paris, et en particulier par les normaliens. « Un philosophe pour littéraires », disait-on, au mieux, de lui. Il est pourtant l'écrivain français du XXe siècle le plus lu dans le monde, traduit dans 60 langues.

Nous avions aussi parlé, Thierry et moi, d'un autre écrivain, Édouard Louis, qui s'était livré à tant de métamorphoses successives pour réussir son transfuge de classe. Dans son livre *Changer : méthode*, Édouard Louis raconte une étape importante de son odyssée personnelle vers la réussite, démontrant avec celle-ci des calculs parfaitement assumés qui vont bien au-delà de son physique ou de ses manières : son admission à Normale sup ! Il l'écrit noir sur blanc : « Si j'arrivais à Paris sans entrer dans cette école je ne serais qu'un garçon venu d'Amiens et arrivé à Paris, un naufragé, un intrus, alors qu'entrer dans cette école aurait, de fait, légitimé ma présence dans la ville. [...] Ce n'était pas les études en elles-mêmes ou les choses que j'aurais pu apprendre qui m'intéressaient, mais la certitude que si je franchissais les portes de cette école alors je ne pourrais plus jamais revenir en arrière. [...] J'avais pris conscience du fait que mes diplômes d'Amiens n'étaient pas suffisants pour me sauver[1]. »

Olivier Nora me rappela à lui, par une question : « Vous avez lu *Contre-histoire de la philosophie* ? »

Je dus confesser que non. À ma décharge, cette série monumentale écrite par Michel Onfray compte douze volumes.

« Vous comprendrez mieux leurs relations en lisant ce que Michel Onfray écrit sur BHL. Venez avec moi, je vais vous chercher un exemplaire en bas. »

Nous descendîmes ensemble le petit escalier raide que j'avais déjà emprunté. L'urbanité d'Olivier Nora alla jusqu'à m'accompagner lui-même dans la grande réserve de livres de la maison, le fameux « magasin » que je découvris, au rez-de-chaussée, à côté de l'accueil. J'avais bien connu celui des éditions du Seuil, où ma mère m'avait souvent emmenée, quand j'étais plus jeune, rue Guénégaud. Ces deux magasins se ressemblaient : antédiluviens tous les deux, ils avaient gardé les traces du siècle dernier, avec leurs antiques

1. Édouard Louis, *Changer : méthode*, *op. cit.*, p. 210.

échelles de bois évoluant sur des rails, le long des casiers de livres.

Olivier Nora m'indiqua que l'on pouvait trouver là la plupart des titres disponibles du catalogue Grasset. Il marchait vite entre les rayons, sans demander l'aide des magasiniers qui s'y trouvaient. Il s'arrêta sans hésiter en face d'une étagère et se saisit du tome XII, le dernier de la *Contre-histoire*, intitulé : *La résistance au nihilisme*. J'allais y trouver tout un chapitre consacré à Bernard-Henri Lévy.

En me donnant ce livre, Olivier Nora revint sur ce qu'il nomma « un bras de fer croissant entre les deux philosophes » : « Les positions et postures de BHL sont devenues de plus en plus insupportables à Michel, qui a fantasmé aussi un peu probablement la puissance de Bernard dans la maison… Et par ailleurs, ajouta-t-il, c'est vrai que compte tenu de sa pensée, de sa sociologie, Grasset n'était pas la maison évidente pour lui. Michel, chez Grasset, c'était inattendu. Vous me direz, Virginie Despentes est éditée chez nous, aussi ! Nous avons été spectateurs des polémiques publiques entre Onfray et BHL. Mais les maisons d'édition sont souvent les lieux des grandes querelles : il m'est arrivé de publier conjointement des personnes qui sont très hostiles les unes aux autres, en ville et dans le débat intellectuel. Nous avons, par exemple, publié conjointement Alice Coffin, Pascal Bruckner et Léonora Miano… On peut difficilement faire mieux en termes de grand écart ! Faire cohabiter des sensibilités et des sociologies différentes au sein d'une même maison est possible », me dit Olivier Nora, en me proposant de remonter dans son bureau.

Jean-Paul Enthoven ne m'avait pas dit autre chose, sur cette relation de Michel Onfray à Bernard-Henri Lévy :

« Un jour, comme Michel n'était ni reconnu ni adoubé par BHL, il a théorisé cela, il en a fait une adversité. Et je vais même vous dire une chose, très calmement, pour l'illustrer : Onfray a écrit un livre sur Camus parce que BHL en a écrit un sur Sartre[1] ! »

Était-ce vrai ? On comprend qu'à Sartre, enfant de la bourgeoisie parisienne, qui vécut dans la culture classique comme un poisson dans l'eau, Onfray ait préféré Camus. Dans l'avant-propos de *Vies philosophiques*, un ouvrage qui rassemble, en 2021, sur 1 500 pages, onze biographies signées par Michel Onfray et déjà éditées par le passé, dont celle d'Albert Camus, le philosophe écrit : « J'avais souhaité ne pas citer le nom de Sartre une seule fois dans ce livre [la biographie de Camus]. Gageure ! Car leurs deux trajets sont emblématiques de l'histoire de France : Sartre l'idéaliste qui vit dans un monde conceptuel, contre Camus le pragmatique qui vit dans un monde réel. Un intellectuel déconnecté du monde ; un penseur qui s'y trouve viscéralement connecté. Une gauche dans les nuages ; une gauche les pieds sur terre… ».

Et avec cette conclusion, quelques paragraphes plus loin : « J'ai choisi son camp », c'est-à-dire celui d'Albert Camus. Un Camus qui « a connu la misère non pas dans les livres ou dans les bibliothèques, comme Sartre, mais dans sa vie quotidienne, au logis familial […], ce qui change tout. Son engagement aux côtés des gens de peu est un acte viscéral, non une décision de raison pure, il procède d'une logique de fidélité aux expériences de l'enfance[2] ».

1. Entretien avec l'auteure, le 24 mars 2021.

2. Michel Onfray, *La Pensée de midi. Archéologie d'une gauche libertaire*, Galilée, 2007, p. 43.

Difficile de ne pas lire dans cette dualité de vie entre Sartre et Camus, tout ce qui oppose aussi Michel Onfray et Bernard-Henri Lévy. Une différence majeure existe néanmoins : avant de se fâcher, Sartre et Camus ont été amis, au point d'être pendant plusieurs années inséparables. Des années durant, les deux écrivains ne se quittent pas, dans le Saint-Germain-des-Prés de l'après-guerre, du théâtre du Vieux-Colombier à la cave de jazz du *Tabou*, des bureaux des éditions Gallimard aux soirées chez Boris Vian. Sartre s'amuse grandement en compagnie du « petit voyou d'Alger », avec lequel il apprécie de boire, manger, danser, fumer, séduire les femmes… Cette amitié n'existera pas entre BHL et Michel Onfray, même si le premier, à l'instar de Sartre pour Camus, prit le second sous son patronage bienveillant, notamment chez Grasset. Passé cet élan des débuts, la couche de givre entre les deux philosophes ne fondra jamais vraiment, elle s'accumulera même avec les années. Mais à la fin, une même fracture : pour Sartre et Camus, tout comme pour BHL et Onfray, le dialogue finit par se rompre complètement et définitivement. L'ironie de Camus est incisive lorsqu'il répond, en 1957, à un journaliste qui lui demande où en sont ses relations avec Sartre, avec lequel il est donc fâché depuis 1951 : « Ce sont d'excellentes relations, puisque les meilleures relations sont celles où l'on ne se voit pas ! »

Le grand public ne sut rien, en tous les cas, de cette guerre des biographies entre le Sartre de BHL et le Camus d'Onfray. Si une rivalité existait alors entre les deux philosophes, elle resta sourde. Il fallait être initié pour subodorer…

En 2005, par exemple, au moment du référendum sur la Constitution européenne, Michel Onfray publia un texte, « L'Europe des crétins », où « l'homme d'Argentan » s'oppose à « l'homme d'argent », revendiquant son appartenance au camp « des paysans » et « des ploucs ». Quand Onfray peint l'électeur du « oui », on croirait reconnaître BHL : « Gros carnet de chèques, immense encéphale, gigantesque vision du monde, hypertrophie du sentiment généreux. Diplômé du supérieur [...], parisien si possible. »

En dépit de ce possible sous-texte, un pacte de non-agression semblait malgré tout installé au début des années 2000. Et cela, en raison justement de leur commune affiliation aux éditions Grasset. Courtoisie de voisinage éditorial, esprit de famille qui lie entre eux les auteurs d'une même maison.

Tout explose en 2010, quand BHL est venu rejoindre le cortège des adversaires d'Onfray, au moment de la sortie de son livre sur Freud.

Cette publication fut comme une arête dans le gosier d'une grande partie de la caste intellectuelle parisienne. En s'attaquant au fondateur de la psychanalyse, une autorité vénérée, une icône collective, Michel Onfray avait fait le choix du scandale. Critiquer Freud, c'était en effet réfuter toute une discipline dont la diffusion sociale est importante. Et dans cette entreprise, Michel Onfray n'y allait pas avec des pincettes : la psychanalyse ne soigne pas, expliquait-il, et le fondateur de la discipline lui-même le savait ! Le temps était venu de révéler le pot aux roses, la fraude de grande ampleur, voire l'escroquerie du siècle.

Bernard-Henri Lévy figura au premier rang de la contre-attaque : « Michel Onfray se plaint d'être critiqué sans être lu ? Eh bien, donc, je l'ai lu... », ainsi commence un texte publié dans la revue *La Règle du jeu*. Qui se poursuit ainsi : « Je l'ai fait en m'efforçant, autant qu'il est possible, de laisser de côté les camaraderies anciennes, les amitiés communes ainsi que, mais cela allait de soi, le fait que nous soyons, tous deux, publiés par le même éditeur. Et la vérité oblige à dire que je suis sorti de cette lecture plus consterné encore que ne le laissaient présager les quelques comptes rendus dont, comme tout le monde, j'avais pu avoir connaissance. Non que je sois de ceux pour qui l'"idole" Freud doive être intouchable : de Foucault à Deleuze, Guattari et d'autres, beaucoup s'y sont frottés et, sans être d'accord avec eux, je n'ai jamais nié qu'ils aient fait avancer le débat. Ce n'est pas davantage le ressentiment antifreudien, voire la colère, voire même la haine, qui, comme je l'ai lu ici ou là, créent, pour moi, le malaise dans ce *Crépuscule d'une idole* : on fait de grands livres avec la colère ! et qu'un auteur contemporain mêle ses propres affects à ceux d'un glorieux aîné, qu'il se mesure à lui, qu'il règle ses comptes avec son œuvre dans un pamphlet qui, dans la chaleur de l'affrontement, apporte des arguments ou des éclairages nouveaux, cela est, en soi, plutôt sain – et Onfray l'a d'ailleurs fait, souvent, ailleurs, et avec un vrai talent.

Non.

Ce qui gêne dans ce *Crépuscule*, c'est qu'il est, soudain, banal, réducteur, puéril, pédant, parfois à la limite du ridicule, inspiré par des hypothèses complotistes aussi abracadabrantes que périlleuses et assumant, ce qui est peut-être le plus grave, ce fameux "point de vue du valet de chambre" dont nul n'ignore, depuis Hegel, qu'il est rarement le meilleur pour juger d'un grand homme ou, mieux encore, d'une grande œuvre[1]... »

La guerre fut ainsi déclarée. Sans précautions diplomatiques. Michel Onfray ne s'y attendait pas. Qu'une telle critique vienne de personnalités comme la psychanalyste Élisabeth Roudinesco, c'était une chose. Après tout, sa charge à elle était prévisible. Quand un premier ouvrage collectif, *Le Livre noir de la psychanalyse*[2], était sorti, en 2005, l'universitaire avait déjà orchestré la riposte envers ses auteurs, dénonçant, dans ce texte, un tissu de contre-vérités, rédigé sans référence et sans légitimité scientifique. Des arguments qu'elle reprendra très exactement pour le livre de Michel Onfray... qui, en retour, ne l'épargnera pas non plus : « Élisabeth Roudinesco est à la psychanalyse, et pas seulement, ce qu'était Jdanov à la culture de l'URSS ou Goebbels dans le IIIe Reich : quand elle entend le mot psychanalyse, elle sort son revolver[3] ! »

Mais BHL ! Le coup porté fut encore plus dur à encaisser.

Étonnamment, Jean-Paul Enthoven prit la défense de son auteur. Michel Onfray en doutait, il me l'avait dit, mais Olivier Nora en fut le témoin et me le confia en remontant dans son bureau : « Pour l'affaire du *Freud*, je m'attendais à voir Jean-Paul se ranger du côté de Bernard. Or, il a très clairement soutenu Michel dans la polémique et, ce faisant, il s'est opposé à son frère de lait, son jumeau historique. Cela représentait un risque fort de donner un coup de canif

1. Bernard-Henri Lévy, « Assassinat manqué de Freud par Onfray : BHL se prononce », *La Règle du jeu*, 28 avril 2010.

2. Catherine Meyer (dir.), *Le Livre noir de la psychanalyse*, Les Arènes, 2005.

3. Michel Onfray, *Vies philosophiques*, Bouquins, 2021, p. 17.

à une amitié qui ne s'était jamais démentie. Je ne suis pas sûr que Michel ait bien vu, à l'époque, le risque personnel que prenait Jean-Paul. J'ai été témoin des commentaires et des pressions qu'il recevait de la part de Bernard, et j'ai vu Jean-Paul non seulement inflexible, mais donnant raison à Michel. Ce furent de vraies engueulades entre Jean-Paul et BHL. Il n'y a pas eu de lâchage ou de flageolement à ce moment-là, ni chez Jean-Paul, ni dans le reste de la maison. Nous étions tous derrière Michel. »

Pourtant, ce pavé lancé par BHL dans la mare de l'entente cordiale ricochera et ne laissera personne au sec. Quelques semaines plus tard, sur un faux pas de la part de Grasset, Michel Onfray prit la décision de quitter définitivement la maison d'édition. Ce fut « l'affaire du Renaudot », et elle me fut racontée par tous les protagonistes.

Nous sommes début novembre 2010 : *Le Crépuscule d'une idole*, le livre sur Freud, est sélectionné pour le prix Renaudot « Essai », tout comme un livre de Virginie Despentes, *Apocalypse bébé*, publié également chez Grasset, pour la catégorie « Roman ». C'est ce second ouvrage qui obtiendra le Renaudot, et non pas le premier. La rumeur court alors jusqu'aux oreilles de Michel Onfray : Grasset aurait soutenu, dans l'antichambre du prix, un auteur plutôt que l'autre, puisque la tradition veut qu'une même maison d'édition ne puisse recevoir les deux prix, pour le roman et pour l'essai. Despentes s'imposait donc sur Onfray, l'ordre de grandeur des ventes d'un roman, après qu'il a été récompensé par le Renaudot, étant cent fois supérieur à celui d'un essai couronné par le même prix.

La scène m'avait été relatée par Michel Onfray lors d'une de nos discussions du dimanche soir : il arriva rue des Saints-Pères, le jour de la remise du Renaudot, pour apprendre, par une phrase glissée entre deux portes par une attachée de presse – « Tu n'as rien, chéri ! » – que son livre n'était pas le grand gagnant. Il avait donc fait le trajet depuis Argentan pour rien, et surtout, il était laissé seul à l'entrée de Grasset : son éditeur, cette même attachée de presse et Olivier Nora, tous s'affairaient pour célébrer Virginie Despentes, sans aucune considération ou attention envers lui. Michel Onfray, livré à cet abandon, tourna les talons dans l'indifférence générale et s'en alla reprendre son train. Sa décision fut prise : il quittait les éditions Grasset. Si personne, dans cette maison, n'était capable de lui dire deux mots, ne serait-ce que pour le consoler d'un prix qu'il n'avait pas, pourquoi devait-il rester chez cet éditeur ?

Si tous étaient d'accord sur le déroulé de l'après-midi, les interprétations des événements n'étaient évidemment pas les mêmes.

Jean-Paul Enthoven m'avait parlé, lui, de « la susceptibilité des anciens humiliés », sans vouloir reconnaître une vraie maladresse de sa part. « On arrêtait les frais[1] » : voilà pour lui le résumé de cette affaire, même s'il avait concédé que de voir partir son auteur pour une autre maison lui avait quand même fait un petit quelque chose.

Olivier Nora reconnut, malgré tout, avec moi, un impair : « Oui, c'est vrai, cela aurait dû être mieux géré, mais nous n'avons évidemment pas choisi notre lauréat. Michel a pu croire que nous l'avions sacrifié, mais on ne fait pas les tours de table du jury. Et j'ai du mal à penser que cet événement suffise à quitter définitivement un éditeur. Il y avait eu des insatisfactions antérieures. Sans doute la violence de la

1. Entretien avec l'auteure, le 24 mars 2021.

polémique avec Bernard. Mais de toute façon, Michel avait changé de statut : d'un homme dépendant de son éditeur, il était devenu un écrivain dont les éditeurs dépendaient. À partir de là, et avec une production de toute façon trop protéiforme et prolifique pour être accueillie par un seul éditeur, il a publié dans plusieurs maisons, ne voulant sans doute plus les considérer autrement que comme des prestataires de services. »

La page se tourna ainsi. Les amarres des débuts de carrière furent définitivement lâchées. Michel Onfray naviguerait dorénavant sans le compagnonnage de son premier éditeur. Les liens entre eux ne furent malgré tout pas coupés. Ils continuèrent de se voir, de temps à autre. Un déjeuner ou deux par an. Mais le cœur n'y était plus vraiment. Le fossé se creusa.

Tous les deux m'avaient raconté ces phrases qui ne « passèrent pas », prononcées, par l'un et l'autre, au cours des cinq années suivantes. Du côté de Michel Onfray, ce furent surtout les commentaires de Jean-Paul Enthoven sur sa vie qu'il ne supportait plus du tout. Il traversait, dans cette période-là, la plus difficile des épreuves, avec la maladie de sa compagne, et Jean-Paul Enthoven commit des maladresses en parlant de Marie-Claude. De celles qui blessent alors même que tout est déjà à vif.

Michel Onfray me l'avait dit ainsi : « Jean-Paul Enthoven pense que je me suis refermé sur moi-même au fil des années, en devenant de plus en plus susceptible, mais il y a peu de personnes qui peuvent imaginer ce que cela signifie comme souffrance, douleur et solitude que d'accompagner Marie-Claude dans son cancer et son agonie. C'est une solitude que peu ont pu prendre en considération. Cela modifie aussi. C'est une leçon de vanité. Le reste... il n'y a pas grand-chose qui importe. Et puis, j'ai décidé d'avoir de la constance dans mon existence, ce que Jean-Paul Enthoven n'a jamais compris. Un jour, il m'a dit : "Vous vous souvenez, je vous avais proposé de changer de vie, et vous avez refusé. C'était en fait la bonne stratégie." Mais ce n'était absolument pas une stratégie ! Je n'ai pas refusé de suivre ses conseils pour faire carrière. Mes choix n'ont pas été dictés par cela. Le mot "carrière", à l'époque, je ne l'aurais même pas osé. Je ne l'ose d'ailleurs même pas aujourd'hui. Je voulais écrire ce que je voulais écrire. Je voulais penser ce que je voulais penser, et surtout vivre avec la femme que j'aimais. »

Du côté de Jean-Paul Enthoven, c'est Olivier Nora qui m'en fit la confidence, à la fin de notre entretien : « Jean-Paul a été mortifié de ce que Michel a dit de lui depuis leur rupture. Il est aujourd'hui encore très blessé. Peut-être a-t-il retenu ses coups dans la manière dont il vous a parlé, mais il a trouvé Michel injuste. Je crois que cela a dérivé d'autant plus loin entre eux qu'il y avait une passion sincère. Si cette rupture est aussi douloureuse, si chacun en ajoute sur les motifs de celle-ci, c'est parce qu'ils ont été très proches. Il y a eu une douleur, des deux côtés. Même si c'est plus difficile de sonder le cœur et les reins de Michel. Mais chez Jean-Paul, la déception a été aussi forte parce qu'il avait mis en danger sa relation avec BHL pour défendre son auteur autour de l'affaire du *Freud*. »

Jean-Paul Enthoven tenta un ultime rapprochement, en janvier 2018. Michel Onfray venait d'être victime d'un AVC. Son ancien éditeur lui envoya un SMS. La réaction du philosophe est écrite noir sur blanc dans un livre *Le Deuil de la mélancolie*, comme s'il fallait laisser une trace indélébile de leur dernier échange : « Le voilà qui surgit par texto, comme je l'imagine, bien peigné, perpétuellement bronzé aux UV, souriant avec des dents neuves, ontologiquement sanglé dans un costume d'employé des pompes funèbres qui déplore ce qui est advenu. Je lui réponds que je reconnais bien là l'homme qui n'est aimable que sur les bords de tombe… Le naturel revient au galop : le message suivant est une insulte. Bien connu sur la place de Paris pour être un mythomane [Jean-Paul Enthoven], son patron [Olivier Nora] m'affirme qu'il était pourtant sincèrement affecté quand il lui a appris la nouvelle. Je lui réponds que, chez cet homme, “la sincérité est une pathologie”[1] »…

Les plaies de la querelle étaient manifestement bien trop béantes pour espérer une réconciliation.

En me raccompagnant à l'accueil, Olivier Nora conclut notre échange en revenant sur la personnalité de Michel Onfray : il souligna, avec un certain recul – celui qu'il avait toujours eu – les qualités du philosophe. Un homme, à ses yeux, extraordinairement singulier, surdoué et talentueux… avec cette intensité qu'il mettait en toute chose, y compris, me dépeignit-il, dans ses rapports aux autres. Une intensité souvent portée à incandescence, rendant les brouilles aussi homériques qu'avaient pu être les attachements.

« Il n'y a pas de gradation, de juste milieu ou de pondération possible avec Michel, conclut-il. C'est sans doute la part d'enfance et de souffrance qu'il a gardée. Or, nous le savons, les relations humaines sont complexes… »

---

1. Michel Onfray, *Le Deuil de la mélancolie*, Robert Laffont, 2018, p. 34.

Il ajouta encore, en mot de la fin : « Ce qui me frappe chez les intellectuels, c'est que dès qu'ils partent dans le décor, ils n'appliquent pas aux situations vitales la sophistication intellectuelle qu'ils sont capables d'appliquer au débat d'idées. »

20

En quittant les éditions Grasset et la rue des Saints-Pères, je me rendis au *Rouquet*. Mme Barrier était absente. Nous étions en toute fin d'après-midi. Elle vieillissait et n'avait plus toujours la force d'accueillir ses clients jusqu'au soir. On la voyait de moins en moins après le coup de feu du déjeuner, qu'elle avait encore à cœur de surveiller. Mais elle le faisait maintenant le plus souvent assise à une table, située stratégiquement au milieu du café, pour pouvoir observer tout ce qui s'y passait. Sans rien manquer du remue-ménage des serveurs, elle les alertait sur des clients négligés, sur une prise de commande à faire ou sur un plat qui se faisait attendre…

Son mari était décédé quelques années plus tôt. Sa fin de vie n'avait pas été facile en raison de la maladie d'Alzheimer. À cette époque, au crépuscule des années 2000, il ne sortait plus beaucoup de l'appartement familial qui se situait au-dessus du café. Et quand il se promenait encore seul dans le quartier, on s'inquiétait de ce qu'il pouvait faire. M. Barrier avait en effet pris l'habitude d'entrer dans les boutiques situées autour du *Rouquet* pour y prendre de petites choses, à sa guise, et partir sans les payer. Sa femme les retrouvait le soir, dans les poches de sa veste ou de son pantalon, et les rapportait, le lendemain, à ses voisins commerçants. Sa prise favorite était les cartes postales de la librairie *L'Écume des pages*. Elles étaient exposées en tourniquet, à l'extérieur, sur le trottoir. Les libraires avaient accepté, avec bienveillance, de le voir, à travers la vitre du magasin, se servir et puis s'en aller. Ils connaissaient sa maladie et savaient que tout leur serait vite rapporté.

Ces cartes postales de *L'Écume des pages*, je les connaissais bien. On ne peut pas déambuler avec nonchalance dans le quartier, comme je le fais souvent, sans s'arrêter pour les regarder. Elles sont, pour la plupart, destinées aux touristes, elles qui célèbrent le Saint-Germain-des-Prés mythique, avec ses points de repère : l'abbaye de Saint-Germain, reconnaissable grâce à ses arcades romanes ; les bords de Seine, si typiques, avec leurs bouquinistes ; le dôme de l'Académie française, quai de Conti ; ou encore les fameux cafés, le *Flore* et *Les Deux Magots*, avec leur vie en terrasse et leur brigade de serveurs, tous vêtus, depuis les origines, du rondin noir, ce gilet près du corps aux multiples poches, et d'un tablier blanc. Autant de clichés, parfois en noir et blanc, parfois en couleur, qui retracent l'histoire d'un quartier, d'hier à aujourd'hui, et semblent nous dire, avec leur poésie pittoresque, que rien ne bouge, que tout, à Saint-Germain-des-Prés, est permanence. Une belle illusion… de carte postale.

Assise à la terrasse du *Rouquet*, après cette visite chez Grasset, je regardais l'agitation du carrefour stratégique de la rue des Saints-Pères et cette réflexion m'est venue, comme une évidence : Saint-Germain-des-Prés n'était plus qu'un vestige. Le *Flore*, *Les Deux Magots*, l'Académie française, étaient encore là, certes, mais l'intelligentsia du quartier, c'est-à-dire ce monde des belles lettres, celui des maisons d'édition, des libraires, des vrais lieux de rencontres littéraires, avait disparu.

Ma mère l'avait encore très bien connu, au début des années 1970, en arrivant au Seuil. Au même moment, dans leur vie parallèle d'enfants nés en 1948, BHL franchissait la porte de Grasset, et apparaissait, pour la première fois, à *Apostrophes*, l'émission littéraire de Bernard Pivot. Il portait déjà une chemise blanche ouverte jusqu'au torse, pour mettre en garde la gauche française contre une dérive totalitaire. Il fut accueilli, rue des Saints-Pères, par de grands noms de l'édition : Françoise Verny, Jean-Claude Fasquelle et Bernard Privat. Tous disparus désormais. Du côté du Seuil, ma mère, à sa bien plus modeste place de lectrice-correctrice, travailla sur des manuscrits avec Philippe Sollers, Jean-Edern Hallier ou encore Jacques Julliard. Eux non plus ne sont plus là.

Je vécus, de mon côté, les derniers frémissements de ce monde, à la fin des années 1990, en entrant à Sciences Po. Avec des intellectuels, comme Emmanuel Le Roy Ladurie ou Max Gallo qui occupaient encore le quartier, et que je croisais régulièrement à la sortie des cours. Sans parler de René Rémond, figure tutélaire de mon école.

Que reste-t-il aujourd'hui de tout cela ? Bien peu de choses. Quelques symboles. Dont Grasset et le Saint des saints de la littérature, Gallimard, au 5 de la rue Sébastien-Bottin, avec, sur des murs pourtant quelconques, trois lettres encore prestigieuses, « NRF ».

La futilité touristique, en même temps que celle des boutiques de luxe, avait définitivement emporté l'air intellectuel germanopratin. Les rites étaient tombés. Qui pouvait encore penser que les rendez-vous littéraires se donnaient au *Flore* ou aux *Deux Magots* ? Les collaborateurs de la marque Vuitton avaient essayé de donner le change, en organisant, dans l'immense boutique, dès son ouverture, des lectures de textes, par des personnalités connues, ou en montant, au milieu des sacs à main, des expositions éphémères autour de thématiques comme « La correspondance », avec reproductions de lettres autographes de grands écrivains ou artistes choisies par Laure Adler… Mais tout cela n'avait été que semblant de littérature et fausse poésie pour donner le change sur un quartier en train de mourir.

J'avais aussi appris que BHL, qui avait si longtemps habité boulevard Saint-Germain, était parti vivre, depuis quelques années déjà, rive droite. Une traversée de la Seine que je trouvais symbolique. Et une nouvelle adresse, pour son domicile, près du théâtre Marigny, où je l'avais vu, au sens propre, tourner en rond. Le philosophe, de ses fenêtres, voit aujourd'hui celles de l'Élysée et du président de la République, pouvant ainsi observer, le soir, le « jeune monarque », comme il le surnomme, quitter son bureau, éteindre la lumière, et se diriger vers l'« aile Madame », où il va en allumer une autre[1]. Je m'aperçus ainsi que BHL serait bientôt, comme ma mère, octogénaire. Difficile à croire, tant il portait beau. Mais, horloge de la vie oblige, sa flamboyance commençait à faiblir. Le temps n'est-il pas l'irréductible adversaire que rien, ni argent ni pouvoir, ne peut venir charmer ?

Comprenant cela, je devais revoir un peu mon analyse : BHL et ses réseaux de pouvoir, intellectuels, politiques et financiers, approchaient mécaniquement – grâce au tic-tac de cette même horloge – de la fin d'un règne.

---

1. Bernard-Henri Lévy, *Nuit blanche*, *op. cit.*, p. 30.

Saint-Germain-des-Prés et son philosophe emblématique semblaient partager le même sort : ils représentaient un monde ancien qui s'étiole, prêt à emporter avec lui ses codes, ses rites et ses détails. Ceux-là mêmes qui leur avaient donné, dans le temps, pouvoir et lumière. Si Saint-Germain était devenu un décor anachronique, le personnage de BHL ne tenait, lui, plus qu'à un fil. Tout comme son ami et frère, d'ailleurs, Jean-Paul Enthoven : n'était-il pas le dernier mohican d'un dandysme intellectuel tellement Rive gauche, que certains qualifient aujourd'hui de désuet, quand leurs propos ne sont pas plus sévères encore ?

La vie est cruelle, en vérité. Un jour, avec l'énergie créative de la jeunesse, vous inventez un style, vous édifiez un monde, vous choisissez son lieu d'implantation et vous régnez sur celui-ci. Bernard-Henri Lévy et Jean-Paul Enthoven l'avaient fait, avec leurs amis. Ils avaient mis Saint-Germain-des-Prés à leurs pieds, avec l'assurance des garçons bien nés. BHL n'était-il pas, selon l'un de ses biographes, Philippe Boggio, « l'écrivain le plus riche au monde » – rien de moins ! – grâce à une immense fortune héritée de son père, un marchand de bois tropical dont l'entreprise, à sa mort, en 1995, affichait 460 millions de francs de chiffre d'affaires ? Une fortune qui lui avait servi à financer tant de choses, et notamment, dès 1975, un journal : *L'Imprévu*. BHL avait seulement 27 ans. Son père avait mis 8 millions de francs dans l'affaire et lui avait même acheté une imprimerie dernier cri. Il en était convaincu : grâce à ce journal, il allait incarner la relève intellectuelle, après Sartre et Aron. Chaque soir, il organisait sa conférence de rédaction chez *Drouant*, un prestigieux restaurant, près de l'Opéra de Paris, fondé en 1880, et qui est le siège, depuis 1914, du célèbre prix littéraire Goncourt. Pour créer sa revue, il s'était entouré d'amis, d'intellectuels bourgeois, pour qui la question d'argent ne se posait pas non plus. Mais cette petite bande joueuse échoua. Le journal ne connut pas plus d'une dizaine de parutions. Afin de se consoler de l'insuccès, les amis partirent quinze jours à la montagne, skier tous ensemble. Ils en revinrent ragaillardis et prêts à d'autres aventures. Rien ne leur était impossible. Conquérants, invulnérables. Pleins de projets, de désirs, de flamme. La vie devant eux, qu'ils dévorèrent, avec le succès que l'on sait.

Et puis, un jour, un autre train, avec toute sa modernité renouvelée, sonne le départ et s'apprête à partir sans vous…

L'image est là, presque devant mes yeux : BHL et Enthoven sont ensemble, debout, dignes, le cheveu blanchi, sur le quai d'un monde qui s'apprête à se mettre en mouvement sans les faire monter à bord. Ils regardent ceux qui ont leur passeport en poche… Ils veulent les suivre, mais on leur barre la route. Ils ne le comprennent pas. Ils seront bientôt octogénaires, certes, mais ils ont encore de bons réflexes ainsi que des idées plein la tête, des amis, de l'argent. Or cela ne suffit plus. À la veille de partir, les passagers à destination de ce nouveau monde, qui ont pour eux la jeunesse et l'impétuosité qui va avec, les saluent, sans plus rien attendre d'eux.

« *Born again !* »… voilà ce que se mettent à crier, de toutes leurs forces et d'une même voix, nos deux hommes à ces jeunes gens ! Et en anglais, oui, pour montrer qu'ils sont capables de se réinventer, de faire peau neuve… Jean-Paul Enthoven m'avait confié lors de notre rencontre : « Je ne serai jamais comme Michel Onfray qui a décidé de ne naître qu'une seule fois, pour rester vissé à ses origines, à sa souche et à sa généalogie. Je suis l'inverse de cela. L'idée de la souche et de l'immobilité est une idée qui me fait horreur ! »

Quand j'avais interrogé le même Michel Onfray sur ce qu'il resterait de lui après sa mort, sa réponse avait été sans appel : « Rien. Des livres que plus personne ne lira. Ces mêmes livres qui sont chez mon ami Ghislain, et il y en a des tonnes, sur les rayonnages à prendre la poussière… Il faut donc rester modeste.

— La vieillesse vous fait-elle peur ? avais-je osé lui demander, lors de cette même conversation.

— Non, elle ne m'effraie pas. Ce qui m'inquiète, c'est la déchéance. Je ne veux pas être amoindri. Mais ce qui arrivera arrivera, je suis très romain, je ne projette pas… Le sens du fatum, de la nécessité. Cela ne dépend pas de moi et il faut vivre l'instant. J'entre dans la vieillesse tranquillement. »

Peut-être la philosophie venue de Normandie permet-elle de se guérir des candeurs parisiennes qui laissent croire qu'une vie d'apparats intellectuels ne s'arrête jamais ?

Mais alors pourquoi étais-je encore intimidée, tel un oisillon effarouché, par Bernard-Henri Lévy ? Pourquoi, ces derniers mois, avais-je trouvé toutes les excuses et mis en œuvre l'inertie dont je suis parfois capable pour refuser de lui demander un rendez-vous ? Après tout, je n'étais pas à l'abri d'un refus, et cela aurait clos mes atermoiements. Mon hésitation relevait-elle de la couardise ? Oui, certainement, car le personnage de BHL continuait d'exciter, y compris dans la presse, des phantasmes têtus, entre hostilité et fascination. « Emprise », « empire », « système »… ces mots n'avaient pas disparu des portraits que l'on brossait encore de lui dans les journaux.

Et puis, avais-je vraiment besoin de voir cet homme, *in vivo*, en chair et en os ? J'avais déjà compris que Michel Onfray avait refusé de prendre part, à ses débuts, au fameux « système » BHL. Un système où tout se tient, et où tout le monde se tient. Un système qui consiste à former autour de soi un clan, et à conseiller, aider, publier, défendre ceux qui en font partie. Et qui repose, en retour, sur une fidélité et une loyauté à toute épreuve. Une mécanique des comportements fondée sur « le renvoi d'ascenseur » pour mener à bien une carrière. C'était du moins le récit qui m'avait été fait par ceux qui, dans mon entourage, connaissaient BHL. Des personnes rencontrées à Sciences Po ou dans ma vie professionnelle qui m'avaient demandé, sans exception, à ne pas voir leur nom cité dans mon livre, certaines choisissant même de chuchoter en me parlant du philosophe alors que nous étions dans un restaurant ou un café.

Un de mes interlocuteurs m'expliqua : « Les formes sont respectées, avec BHL, tout comme l'exaltation des subjectivités, le droit que l'on a de penser différemment. Ce n'est pas le mâle alpha, dominant, que les autres membres du groupe doivent suivre, et auquel ils doivent obéir et se soumettre sans discuter sous peine de représailles. La mécanique BHL ne repose pas sur une structure verticale avec une incontestabilité implicite du chef, ce sont d'autres types de relation. Tout se pense plutôt en termes de fidélité ou trahison. »

Quels qu'avaient été les contours de ce « système », Michel Onfray n'avait pas accepté de s'y inféoder. Du moins sur la durée. On ne gagne pas chèrement une liberté pour la brader en la déposant entre les mains d'une seule personne, même si celle-ci peut vous apporter beaucoup. « Je n'ai jamais intrigué », m'avait-il dit un jour. En insistant : « C'est d'ailleurs ce qui entretient une forme de détestation à mon endroit : je ne suis dans la main de personne. Je ne suis pas redevable. Personne ne m'a pistonné, poussé, tracté, ouvert la voie. Jamais. J'ai été fabriqué par mes livres et par les lecteurs. Uniquement. »

21

Olivier Nora m'avait demandé, lors de notre échange, si j'avais rencontré, pour mon enquête, François Samuelson. J'entendais ce nom pour la première fois. Il s'agissait d'un agent littéraire. Le P.-D.G. de Grasset m'avait précisé que Michel Onfray avait eu recours à ses services après avoir claqué la porte de la rue des Saints-Pères, à la suite de l'affaire du Renaudot. Son nom était venu dans la conversation au moment où nous parlions argent, c'est-à-dire des revenus de Michel Onfray.

Olivier Nora venait de me faire un récit pour le moins étonnant. Quand le succès arriva, et que les livres commencèrent à se vendre par dizaine de milliers, Michel Onfray ne voulut pas toucher sa part des bénéfices. Il demanda à Grasset de lui verser une petite mensualité, dont il fixa le montant lui-même, pour qu'elle ne fût pas supérieure au salaire de son père à la fin de sa vie. Plusieurs fois, après de beaux succès de vente, Jean-Paul Enthoven lui proposa d'augmenter ces versements, le philosophe refusa, au noble motif qu'il n'aurait pas aimé, si cela marchait moins, qu'on lui proposât de les baisser. Olivier Nora, de son côté, lui conseilla, à plusieurs reprises, de ne pas laisser dormir dans les caisses de la maison d'édition un argent qui lui revenait, mais plutôt de le placer pour le faire fructifier. En vain. « C'est rarissime, m'avait dit le P.-D.G. de Grasset, des personnes qui accordent leur pratique de vie avec leur idéologie. Certains auteurs sont de vrais maîtres chanteurs, alors qu'ils prônent la frugalité ! Michel est parfois compliqué, irascible, mais c'est un homme avec une droiture et une intégrité profondes. C'est très estimable. »

Jean-Paul Enthoven m'avait raconté de son côté un épisode touchant à propos de son ancien auteur : il se souvenait d'un appel, en plein mois d'août, alors qu'il était en vacances : Michel Onfray venait de passer devant la vitrine d'un antiquaire et avait vu un petit objet africain qui lui avait plu. Il voulait l'acheter – cet objet devait valoir l'équivalent de 10 000 euros – et il ne savait pas s'il en avait les moyens. Jean-Paul Enthoven l'avait alors informé que 200 000 ou 300 000 euros devaient dormir sur son compte au sein de la maison d'édition.

Questionné sur ses revenus, Onfray m'avait dit aussi ne pas savoir ce qu'il gagnait, ni même en avoir une vague idée. Pour lui, l'argent n'était pas essentiel. Il m'avait même assuré que s'il devait ne plus en avoir du jour au lendemain, il saurait vivre sans. Qu'une vie monacale ne l'effrayait en rien. Ne pas être prisonnier des objets, du confort, lui procurait même une certaine jubilation.

Le personnage de François Samuelson, agent des stars littéraires, allait donc retenir mon attention. Je retrouvai son nom dans un article de presse. On y mentionnait ses plus célèbres « clients », les écrivains Michel Houellebecq, Emmanuel Carrère, Virginie Despentes et Michel Onfray.

Je lus, dans le même article, que, comme tous les agents, il négociait et touchait 10 % sur les contrats. Sa réputation dans le milieu de l'édition était celle d'un homme redoutable en affaires, mais qui savait veiller comme une mère poule sur ses auteurs. Beaucoup d'écrivains se damneraient, disait-on, pour rejoindre son écurie. Alors que c'était surtout lui qui allait chercher ceux qui l'intéressaient.

C'était ainsi qu'il avait proposé ses services à Michel Onfray, en 2011, après la parution du livre sur Freud, comme il me le raconta lorsqu'il me reçut à son agence, *Intertalent*. Des bureaux modestes, notamment par leur taille, accueillants, au rez-de-chaussée d'un immeuble du 5e arrondissement de Paris, rue Gay-Lussac.

Lorsque je me rendis au rendez-vous, j'étais en convalescence d'une grave brûlure qui m'obligeait à marcher avec une canne. L'agent littéraire m'accueillit avec une sincère gentillesse, ne sachant pas quoi faire pour m'être agréable, me proposant toutes les assises possibles de ses bureaux. Je découvris un homme qui approchait des 70 ans, au physique robuste et méditerranéen, qui lui donnait la chaleur du soleil. Il s'exprimait d'une voix grave, dont les intonations pouvaient sembler blasées. Né à Alexandrie en 1952, il était arrivé en France en 1956 avec son frère, sa mère et son père, lequel décéda trois ans plus tard.

Il me raconta avoir « récupéré » Michel Onfray après l'affaire du *Freud*, avec l'impression de se « trouver en face d'un Petit Chose dont les fesses avaient été mordues par les grands dinosaures parisiens parce qu'il avait touché à une vache sacrée ». François Samuelson avait réconforté le philosophe et pris en main ses droits d'auteur. Une association étonnante pour un écrivain se désintéressant de questions financières.

François Samuelson sourit en entendant mes questions, et y répondit avec cordialité[1] : « L'argent n'était effectivement pas une fin en soi pour Michel Onfray. Mais quand j'ai repris les affaires de Michel, il en était très content. S'il est honnête, il vous dira que ses à-valoir et les conditions financières auxquelles il est parvenu, grâce à votre serviteur, n'ont plus rien à voir avec ce qu'il connaissait avant. Mon intervention était celle d'un professionnel, et elle a permis de remettre les pendules à l'heure. »

Des pendules que je tentai de chiffrer : « Quels sont les revenus d'un auteur comme Michel Onfray ?

— C'est à lui de vous en parler, me répondit François Samuelson avec l'air accommodant mais ferme d'un homme rodé aux négociations et au secret de celles-ci.

— Il me dit ne pas le savoir.

— C'est sûrement vrai. Michel a la capacité de se désintéresser de ses contrats. Mais le détachement est aussi un luxe que tout le monde ne peut pas se payer. Si Michel est aussi détaché des questions d'argent, c'est aussi parce qu'il compte sur d'autres que lui pour s'en occuper.

— Michel Onfray est-il un auteur important, en termes de chiffre d'affaires, pour votre agence ?

— C'est un auteur important, mais il ne fait pas partie des plus gros non plus. Michel Houellebecq, Emmanuel Carrère sont bien au-dessus. Le problème, c'est qu'Onfray a une production très vaste… Et que les éditeurs jouent au casino : avec ses livres, ils misent sur le blanc ou le noir, en espérant un jour décrocher la timbale. Michel écrit des ouvrages qui ne sont pas très grand public, d'autres qui ont une diffusion et des ventes beaucoup plus significatives.

1. Entretien avec l'auteure, le 10 juin 2021.

Il faut donc parier sur les bons, et espérer sa fidélité pour plusieurs livres. Car l'homme est assez volage avec les éditeurs. Depuis qu'il a quitté Jean-Paul Enthoven, il reste un temps dans une maison d'édition puis en change. J'ai entendu une éditrice, Muriel Beyer, dire de lui au moment où ils travaillaient ensemble sur un livre : "Là, je l'ai en pension pour quelque temps." C'était drôle, et assez vrai. »

La collaboration avec François Samuelson s'arrêta en 2017. L'agent me parla de la susceptibilité de l'auteur, qui montait dans les tours trop vite, et parfois à tort. « D'un côté, le savant. De l'autre, l'enfant », me dit-il, reconnaissant que ce sont ses excès qui le rendaient horriblement sympathique. Alors les relations s'étaient tendues, la confiance n'était plus là.

Je savais que c'était désormais son épouse, Dorothée, qui gérait les relations de Michel Onfray avec les éditeurs et les médias. Elle était entrée dans la vie du philosophe il y avait plus de vingt ans, lorsque Marie-Claude était encore vivante, les deux femmes acceptant l'existence de l'autre[1]. Dorothée était là, discrètement, à Caen, tandis que la vie plus officielle se déroulait avec Marie-Claude, à Argentan. Une femme pudique et digne, emportée par la maladie, en 2013. Michel Onfray avait songé partir lui aussi, avec le décès de Marie-Claude, mais Dorothée l'avait retenu à la vie. Il l'épousa en 2018, sous le soleil de Martinique, au bord de la mer des Caraïbes et au pied de la montagne Pelée, à Saint-Pierre, où le couple avait acheté une maison de vacances. Un lieu *a priori* paradisiaque, avec une eau limpide et turquoise ainsi

1. Interview de Michel Onfray dans l'émission *Thé ou café* du 22 octobre 2018.

qu'une température clémente toute l'année. Mais derrière la carte postale de sable blanc et de cocotiers, une réalité plus sombre aussi, ne serait-ce qu'en raison de la couleur du sable, noir, qui vient du volcan présent sur l'île… et surtout parce que la ville de Saint-Pierre, avec ses 3 000 habitants, connaît un taux de chômage massif, une pauvreté visible, sans parler de la délinquance qui prospère, en même temps que la prostitution et le trafic de drogue.

Qu'importe. En visite avec Dorothée, le philosophe avait découvert une anse extraordinaire, longue de 500 mètres, bordée de maisons qui ressemblaient à des ruines posées sur le sable. Difficile de savoir si elles étaient habitées, squattées ou effondrées, mais Michel Onfray avait, sans trop réfléchir, décidé d'en acheter une pour une somme plutôt modique. Il avait fait construire un étage supplémentaire à la maison, une grande pièce climatisée, avec une vue incroyable sur le Pacifique, pour en faire son bureau.

Quand il se trouvait à Saint-Pierre, Michel Onfray, m'avait-il raconté, se levait à 5 ou 6 heures, enfilait une djellaba, et travaillait une dizaine d'heures par jour, pour se coucher à 20 heures, et recommencer la même journée, le lendemain. Aucune distraction donc, à l'exception de quelques courses au marché, à l'heure du déjeuner, et de rares baignades. Or, comme Saint-Pierre est une ville pauvre, et que le tout-à-l'égout n'est pas installé partout, quand il pleut, les eaux sales descendent dans la mer, juste devant la maison ! La baignade, sur cette plage paradisiaque, devient alors impossible. Ce que le philosophe avait payé pour le savoir… lui qui, à trois reprises, lors de séjours différents, avait nagé dans la mer en ignorant cette pollution. Il avait découvert aussi que l'anse était un cimetière de bateaux lorsque l'eau reculait, comme c'était arrivé un jour, et que les poissons y étaient peu nombreux à cause du chlordécone, un pesticide ultra-toxique utilisé pendant plus de vingt ans dans les bananeraies de l'île qui avait contaminé les sols et les eaux.

Le philosophe m'avait énoncé cela, presque comme si de rien n'était, parce que la maison gardait du charme à ses yeux. Il m'avait même envoyé, par e-mail, en juillet 2021, un livre qu'il avait écrit sur place en une semaine à peine, ainsi que quelques photos des lieux. De la fenêtre de son bureau, n'apparaissait, jusqu'à l'horizon, que le bleu de la mer traversé par quelques voiliers. Si je n'avais rien su d'autre, j'aurais trouvé la vue paradisiaque.

Jean-Paul Enthoven aurait probablement détesté l'endroit, avais-je pensé. Jusqu'à l'esthétique même des vacances, tout séparait ces deux hommes ! L'éditeur avait évoqué devant moi « la cécité de Michel sur la beauté du monde ». Disons qu'ils en avaient chacun une vision différente. Et que, le temps avançant, chacun avait cessé de vouloir comprendre celle de l'autre.

22

Peut-on entretenir plusieurs amitiés profondes en même temps ? Formulée de la sorte, la réponse à la question semble évidente : l'amitié ne requiert pas l'exclusivité... Mais peut-elle pour autant se démultiplier ? Un sujet que les philosophes traitent depuis l'Antiquité. La *poluphilia.* Ils sont au moins deux, Aristote et Plutarque, à nous dire que « l'amitié se renferme entre deux personnes », qu'elle est une chose rare, qui ne peut s'étendre sans se dénaturer.

Après l'affaire du *Freud* et du Renaudot, Michel Onfray s'est donc séparé de Jean-Paul Enthoven. Et s'en est allé, loin de Grasset, poursuivre ailleurs son chemin philosophique et littéraire.

Un autre homme surgit alors dans sa vie, Franz-Olivier Giesbert, alias FOG, comme on le surnomme. Sa profession : journaliste et ancien directeur de l'hebdomadaire *Le Point.* Si, aux yeux du philosophe, Jean-Paul Enthoven avait failli au moment des tourments, c'est-à-dire lors des violents combats intellectuels et médiatiques provoqués par la sortie du *Crépuscule d'une idole*, Franz-Olivier Giesbert, lui, avait su apporter un vrai soutien et affronter, aux côtés du philosophe, les ennemis qui se déchaînaient contre lui à l'époque. Et ils étaient nombreux.

Dans nos discussions, Michel Onfray revenait souvent sur cette affaire, qui manifestement l'avait beaucoup marqué. Il m'avait même envoyé un texte – lui aussi non publié – qui reprenait, date après date, sur l'année 2010, d'avril à décembre, toute la chronologie de la sortie du livre, des attaques et polémiques qui avaient suivi. Une sorte de journal de bord, de près de 200 pages, où il répondait à chacun de ses contempteurs et démontait l'emballement d'une machine infernale, machiavélique – à ses yeux – contre laquelle il avait tenté de lutter, pied à pied.

Michel Onfray m'avait alors confié ce qu'avait représenté, à l'époque, le secours apporté par Franz-Olivier Giesbert : « Je ne l'aimais pas beaucoup avant cette affaire. Mais quand tout le monde m'a agressé, avec violence, quand je voyais tous les médias me tomber dessus, il a organisé un vrai débat dans ses pages du *Point* et a fait la couverture de son magazine avec moi, sans me clouer au pilori, alors que je me faisais insulter partout ailleurs. Après quoi, je me suis dit : "Maintenant, il peut me demander ce qu'il veut." Cet homme est mon ami. Humainement, ce qu'il a fait, ce n'était pas rien. »

Un lien fort, né dans l'adversité, qui a eu la vertu de poser des fondations solides. Franz-Olivier Giesbert n'a pas pris la même place que celle qu'occupait Jean-Paul Enthoven dans la vie de Michel Onfray, mais il a représenté un nouveau compagnonnage, fondé sur la confiance, dans la fréquentation du monde parisien dont l'écrivain ne pouvait s'affranchir. Et puis, n'est-ce pas le propre des psychodrames à haut voltage passionnel, souvent prétextes à vouloir assassiner de façon définitive le passé, que d'inciter à se tourner vers toute lumière qui, soudain, apparaît ?

Or, là encore, *bis repetita*, les deux hommes sont aux antipodes l'un de l'autre !

FOG est un libéral assumé, un européen convaincu. Selon *Libération*, sa réputation, en 2000, lors de son arrivée à la tête du *Point* est d'être « un touche-à-tout qui ne fait rien à fond, un dîneur-en-ville adepte forcené du renvoi d'ascenseur, un représentant parfait de la caste journalistico-littéraire parisienne[1] »... soit les antipodes de l'univers et de la personnalité de Michel Onfray. Ce dernier tenait-il absolument à me démontrer que, contrairement à ce que je pensais, et contrairement aussi au règne animal, *deux espèces différentes* peuvent *s'accoupler* ? Il semblait que oui.

Je ne pouvais en tout cas pas mettre en doute cette amitié, puisque FOG fut même, huit ans après la sortie du livre sur Freud, en 2018, le témoin de mariage du philosophe. S'il est une preuve de l'attachement sincère entre les deux hommes, la voici.

Michel Onfray m'encouragea à rencontrer Franz-Olivier Giesbert. Et nous mit en relation pour cela. Le rendez-vous fut rapidement pris.

D'accueil facile, FOG, devenu septuagénaire, me donna l'impression d'être arrivé à un moment de sa vie où tout lui était devenu plus simple : il n'avait plus faim ni de pouvoir

1. Olivier Costemalle, *Libération*, « Franz info », portrait, 10 juillet 2000.

ni de séduction, réputation qu'il avait eue tout au long de sa carrière de patron de presse.

J'avais lu quelques années auparavant *L'Américain*[1], un des livres du journaliste dans lequel il parle de son père et de la violence physique que celui-ci exerçait sur lui, doublée de la tyrannie qu'il imposait à sa famille. Les coups pleuvaient, les punitions au ceinturon, les humiliations sadiques aussi. Or, le fils le haïssait en même temps qu'il l'admirait, et même l'aimait. Je m'étais donc posé la question : n'y avait-il pas dans cette enfance, assombrie par la violence d'un parent, un point commun avec Michel Onfray ? Une similitude si profonde qu'elle serait de nature à reléguer au second plan les différences qui appartiennent à la vie d'« après » : l'après-malheur, l'après-violence, l'après-solitude ?

« Je ne crois pas[2] », répondit, sans autre précision, Franz-Olivier Giesbert lorsque j'abordai le sujet avec lui.

Je sentais, au silence qui suivit cette seule phrase, qu'il ne souhaitait pas s'attarder.

« Et la Normandie ? Vous avez grandi, vous aussi, dans cette région, à Elbeuf. »

La question paraissant plus facile, elle suscita une réponse nourrie : « Pour être très honnête, je pense que je suis admiratif du fait que Michel soit resté en Normandie. Je me suis toujours senti coupable d'être parti. Mais vous savez ce qui fait rigoler mes gosses ? C'est de me voir toujours présenté comme le dandy parisien ! Quand je m'habille convenablement, c'est plus une façon cul-terreuse de mettre une cravate qu'un vrai sens de l'esthétisme vestimentaire. Je suis

1. Franz-Olivier Giesbert, *L'Américain*, Gallimard, 2004.
2. Entretien avec l'auteure, le 12 mars 2021.

très bien en bottes aussi ! J'ai gardé cela de mon enfance. Je suis un provincial dans le fond, et c'est un des liens forts de la relation que j'ai avec Michel. J'aime beaucoup Paris, c'est une ville magnifique, mais je n'aime pas l'esprit parisien.

— Pourquoi cela ?

— À cause des haines, des ressentiments et des jalousies. Paris peut être une machine à broyer, comme toutes les grandes capitales. On y retrouve beaucoup d'ondes négatives, qui disparaissent en province, ou du moins, si elles existent, s'avèrent sans importance, sans gravité. J'ai toujours nourri les mêmes réserves que Michel sur le milieu parisien. »

Le philosophe m'avait raconté passer, chaque été, une semaine de vacances, avec FOG, en Provence. Des vacances à quatre, avec leurs épouses respectives. Lors de l'un de ces séjours, Franz avait fait cette confidence à son ami : « Je t'apprécie, car tu es tout ce que j'aurais bien aimé être, et que je ne suis pas. Il m'est arrivé de me compromettre pour faire carrière. Toi, jamais, et ça a marché quand même. Respect. »

Michel Onfray avait été touché par l'aveu : « C'est une fausse grande gueule, Franz. C'est un vrai tendre. Il a dit tout ça une seule fois, il ne le redira pas. Après cette confession, il avait d'ailleurs dû enchaîner pour me proposer d'aller chercher des fromages sur le marché ! Il est ainsi. Il prononce une phrase importante, et puis passe à autre chose. »

La différence avec Jean-Paul Enthoven était-elle là ? Franz-Olivier Giesbert est certes devenu un Parisien, mais il garde une tendresse sincère pour la province, celle de sa Normandie natale. Il appartient à la nomenklatura de la capitale, et en même temps, l'observe avec une grande distance et beaucoup de cynisme, tout comme il sait se regarder lui-même. Sans doute est-ce d'ailleurs pour cette raison qu'il a pris le parti de Michel Onfray au moment de la sortie du livre sur Freud.

« Je me suis dit : "Enfin quelqu'un qui bouscule la statue." Je ne suis pas contre la psychanalyse, mais Freud a été trop idéalisé. J'ai bien aimé le travail de déconstruction que proposait Michel Onfray. J'aime l'idée de prendre des grands personnages et de les démystifier… Il n'y a pas mort d'homme ! J'ai pris son parti, et c'est vrai que l'on n'était pas nombreux dans la profession. J'étais même le seul. J'ai lu son livre comme un polar. Je savais à quel point le système était bête, mais à ce point, c'était dingue ! »

Prendre de grands personnages et les démystifier… il faut dire que le journaliste l'avait déjà fait aussi. En assassinant et en mettant en pièces, dans ses écrits et ses ouvrages, des hommes politiques, qu'il appréciait pourtant et avec lesquels il partageait une certaine intimité. Jacques Chirac, par exemple, dont il brossa un portrait violent, qui ressemblait plus à un réquisitoire, Édouard Balladur, Dominique de Villepin, Nicolas Sarkozy… autant de démolitions en règle, de pamphlets sans concession, qui pouvaient parfois être franchement cruels. En Attila du journalisme, Franz-Olivier Giesbert aimait le tumulte, voilà sans doute une des raisons pour lesquelles il prit publiquement la défense de Michel Onfray. La meute était sortie, il serait plus amusant de l'affronter que de mordre avec elle. En preux chevalier du combat médiatique, il descendit donc dans l'arène, mais sans connivence non plus avec Michel Onfray. Les deux hommes ne se connaissaient alors pas suffisamment.

Mais FOG, grand bagarreur, fut aussi boy-scout. Il voulut, avec son expérience de journaliste, aider Michel Onfray à relativiser les critiques.

« Michel est un homme sensible, me dit-il. Il peut être vite atteint par une critique. J'essayais de lui dire que le jugement des autres n'avait pas d'importance, parce que je savais comment cela fonctionne : la jalousie, l'aigreur, le ressentiment qui se transforme vite en haine, ou les *a priori* politiques débiles à l'origine de nombre d'analyses soi-disant rigoureuses… J'ai un mépris certain pour tous les commentaires et décode tout de suite ce qu'il y a derrière. Les journalistes peuvent écrire des livres ou des articles sur des gens pour prouver quelque chose qui aura souvent un rapport lointain avec la réalité de ce qu'ils écrivent. Et puis, contrairement à Michel, je n'attends rien de la nature humaine. Le système me fait la gueule depuis des années, et je n'en ai rien à faire. Je réagis toujours par le rire aux critiques. On me traite d'escroc, cela m'amuse ! Or, Michel, lui, le vit très mal. J'ai dix ans de plus, suis arrivé très jeune à Paris et dans un milieu, la presse, qui est très violent. Je me suis donc rapidement fait une carapace. »

À les entendre, FOG et Onfray partageaient la même humanité et combativité instinctive, mais l'un en avait fait une force quand l'autre souffrait des coups qu'il recevait en retour de ceux que lui-même avait portés. Autre possibilité : FOG savait intriguer et même se complaisait dans le petit milieu parisien, qui lui apportait aussi plaisir et amusements, alors que Michel Onfray s'y refusait compulsivement.

Symbole de cette différence : un hasard du calendrier amoureux. Franz-Olivier Giesbert se maria la même année que Michel Onfray, soit en 2018, et s'excusa auprès de son ami, lorsqu'il l'invita à l'événement, de ne pas le choisir comme témoin… il préféra au philosophe, pour être à ses côtés ce jour-là, la papesse de l'édition, Teresa Cremisi, et l'homme d'affaires François Pinault. Michel Onfray prit l'annonce… avec philosophie : « Ce n'est pas grave », me dit-il avec mansuétude, cette inclination des sentiments que l'on réserve à ses amis, les vrais.

Une scène amusante me fut par ailleurs racontée concernant François Pinault. En 2020, deux ans après le mariage de FOG – au cours duquel le philosophe et l'homme d'affaires octogénaire se rencontrèrent –, une invitation pour une visite privée de la Bourse de commerce, le musée du milliardaire au cœur de Paris, dans le quartier des Halles, fut lancée. Voir le dernier-né des lieux – après le Palazzo Grassi et la Pointe de la Douane, à Venise – où le richissime homme d'affaires pouvait exposer sa collection d'art contemporain, valorisée à 1,5 milliard d'euros d'après le journal *Challenges*, avait de quoi susciter l'intérêt du philosophe. Cette visite se déroula dans un contexte particulier : fin 2020, l'épidémie de Covid-19 n'était pas loin, avec ses 100 000 décès en France, et le monde de la culture se trouvait dans une situation difficile ; l'ouverture au public de la Bourse de commerce avait déjà été repoussée plusieurs fois, seules des visites privées étaient organisées, dont certaines, pour des personnalités choisies, avec François Pinault comme guide. Michel Onfray eut droit à cet honneur, en compagnie de son ami Franz.

Le philosophe se présenta devant ce qu'il pensait être la Bourse de commerce et sa coupole de verre. Il appela FOG : « Franz, où es-tu ? Moi, je suis du côté du soleil.

— Nous aussi ! Nous t'attendons, François et moi.

— Mais j'ai fait le tour, je ne vous trouve pas… Vous êtes où exactement sur la place de la Bourse ?

— Mais Michel, ce n'est pas *place de la Bourse* ! Mais à la *Bourse de commerce* ! Tu n'y es pas du tout !

— Ah pardon… Je me suis trompé d'endroit. Mais vous êtes loin ? Je vous rejoins comment ? En taxi ou à pied ? »

Onfray arriva donc au rendez-vous en retard, et il s'excusa auprès de François Pinault, qui ne lui en tint pas rigueur. Le déjeuner qui suivit fut un « moment amusant », me confia-t-il. Voir son ami FOG, qui ne connaissait pas grand-chose à l'art contemporain, disserter dessus, le fit sourire autant que cela suscita son admiration : « Il avait potassé quelques trucs juste avant de venir… C'est un artiste, il est formidable, je l'adore ! C'était drôle d'observer un Franz soudainement intéressé par l'art contemporain. Il a vraiment un rapport fantasque aux autres, au monde, à la vérité. »

J'avais interrogé Jean-Paul Enthoven sur l'amitié de Michel Onfray avec FOG[1] : « Cela m'amuse que vous disiez "son *ami* Franz-Olivier Giesbert", parce que, pendant dix livres, il a fallu que je me batte pour que l'on parle de Michel dans *Le Point.* À l'époque, c'était impossible, impensable. D'ailleurs, lui-même dénonçait l'hebdomadaire comme étant celui des nantis, des élites… Pourquoi croyez-vous que le journal et son directeur aient pris la défense de Michel à ce moment-là ? Eh bien parce qu'il était devenu un gros vendeur, qu'il était désirable.

— Vous voyez une espèce de continuité, ou de relais, entre Franz-Olivier Giesbert et vous ? Une amitié qui a laissé sa place à l'autre, en quelque sorte ? »

La réponse fut pour le moins inattendue : « On ne peut pas imaginer deux êtres plus différents que Giesbert et moi,

1. Entretien avec l'auteure, le 24 mars 2021.

ce n'est pas possible. Franz est un bouseux, il aime la campagne, les veaux. Il parle tout le temps. Il a des convictions, il en change. Il s'habille de façon hallucinante. Il est très intelligent, habile. Mais vous savez, quand il a choisi Franz comme témoin de mariage, à la Martinique, je me suis dit qu'une part de moi était représentée, ce jour-là. Car Franz est aussi mon jumeau stellaire : nous sommes nés le même jour, à la même heure, de la même année ! Nous avons commencé dans le même bureau au *Nouvel Observateur*, nous avons fini dans le même bureau au *Point*. Nous avons fait des livres et des articles dans les journaux toute notre vie, nos mariages ont eu lieu en même temps, nos divorces aussi, tout comme la naissance de nos enfants. Cela fait pas mal de similitudes. Le savoir auprès de Michel m'a amusé. Le destin est facétieux, il joue des tours ! »

Le karma de l'amitié…

23

Lorsque Luc Le Vaillant me reçut au siège de *Libération*, ce fut avec le sourire et la décontraction d'un journaliste qui a déjà bien roulé sa bosse, comme on dit[1]. Il a intégré le quotidien en 1989, seize ans après son lancement par Jean-Paul Sartre et Serge July. Les deux fondateurs avaient voulu créer un quotidien militant de gauche, imprégné des valeurs post-Mai 68, en faisant un pari audacieux : pas de publicité, pas d'actionnaire, une direction composée uniquement de salariés, qui touchaient tous le même salaire et votaient en assemblée générale les décisions à prendre. Une ligne qui a tenu une dizaine d'années avant l'arrivée de la publicité. Luc Le Vaillant a commencé au service des sports, un début de carrière logique pour cet ancien champion de voile qui a préparé les JO de Los Angeles, en 1984, au sein de l'équipe de France, tout en suivant les cours du CFJ, la célèbre école de journalisme parisienne de la rue du Louvre. À son arrivée, il a donc connu un *Libé* pas comme les autres, aussi foutraque que pionnier dans ses regards et ses écritures.

1. Entretien avec l'auteure, le 12 mai 2021.

Ce fut ce même esprit qui présida à la naissance, le 26 septembre 1994, d'une rubrique « portrait » située en dernière page, celle-là même d'ordinaire prisée des annonceurs. Des milliers de personnalités, de François Sagan à l'actrice Natalie Portman, en passant, plus récemment, par l'humoriste Camille Chamoux, ont été mises à l'honneur depuis. Et Luc Le Vaillant en prit la direction en 1995. Il y signa des portraits ancrés dans l'actualité, souvent fouillés, nourris par une plume reconnaissable : dilettante, en même temps qu'intelligente, parfois piquante, rarement blessante. Grâce à lui, les lecteurs du journal ont longtemps hésité, sans parvenir à trancher : faut-il commencer la lecture de *Libération* par le début ou par la fin ?

Me retrouver dans la rédaction, et penser à la naissance du journal, me renvoya à l'adolescence de Michel Onfray et à son apprentissage de la politique. Le philosophe avait découvert *Libération* sur la table du coiffeur de son village, Pierre Billaux, un militant d'Amnesty International, ancien résistant et déporté. À l'époque, adolescent solitaire, plutôt introverti, pas très démonstratif, plus cérébral que collectif, le jeune Michel donne un coup de balai dans le salon, ramassant les cheveux des clients pour gagner un peu d'argent, écoute beaucoup l'esprit des années 1970 qui s'anime autour de lui. Certes, les Trente Glorieuses se terminent : le choc pétrolier de 1973 et la crise économique qu'il déclenche sont passés par là, mais la créativité explose. Valéry Giscard d'Estaing est président de la République, et François Mitterrand, depuis le congrès d'Épinay de 1971, entend « changer la vie ». Le Français de ce temps n'est pas encore individualiste, il préfère le groupe, le partage, la communauté. Surtout les maoïstes, les trotskistes et les membres de la gauche prolétarienne, qui défendent les ouvriers et dénoncent le « crypto-fascisme » du pouvoir. Dans l'échoppe, où tout le monde passe, il découvre la joie des conversations généreuses, mais aussi les rêveries improvisées, de celles qui réenchantent l'existence. Les photos que Pierre Billaux a faites de Léo Ferré, lors d'un concert, sont affichées sur les murs. Et on entend résonner dans le salon, de temps à autre, les chansons de ce libertaire aux titres sans équivoque : *Ni Dieu, ni maître* ou *Les Anarchistes*, véritables cris de révolte. À côté de *Libé*, sur une chaise, sont aussi mis à disposition des exemplaires de *Charlie Hebdo*, du *Canard enchaîné*, du *Nouvel Observateur* et des cahiers anarchistes *Noir et Rouge*, dans lesquels Michel Onfray lit le nom de Proudhon pour la première fois. Un penseur bisontin, décédé en 1865, auquel le philosophe se réfère souvent lorsqu'on lui demande, aujourd'hui, sa filiation politique.

Je racontai à Luc Le Vaillant cet épisode de la vie de Michel Onfray – le salon de coiffure, la découverte de *Libération* et cette référence à Proudhon – en lui avouant qu'il m'avait fallu prendre quelques leçons de rattrapage en histoire et en sciences politiques pour mieux comprendre de qui il s'agissait. Le journaliste me confia alors apprécier aussi cette figure complexe. Fils de pauvre, pauvre lui-même, autodidacte, Proudhon, qui fut toujours une personnalité isolée, avait philosophé en dehors des cadres, et n'avait jamais eu de goût pour les organisations politiques et le système parlementaire. Il avait méprisé les élites et rejeté un certain intellectualisme. Des traits de caractère qui pourraient suffire à expliquer l'attrait de Michel Onfray pour lui.

Il y avait d'autres choses bien sûr. Proudhon incarnait une gauche libertaire qui n'avait à voir ni avec la gauche autoritaire des marxistes nourrie de nostalgie bolchevique, ni avec la gauche tocquevillienne et libérale. Il représentait un courant méconnu de la pensée anarchiste française qu'il nommait lui-même « anarchie positive », celle qui n'avait pas besoin de faire la révolution, les armes à la main, pour se réaliser, mais visait plutôt à changer les choses ici et maintenant, de façon concrète, efficace et pragmatique. Michel Onfray m'avait cité, lorsque je voulus mieux comprendre sa filiation proudhonienne : la fédération, la mutualisation, la coopération, l'autogestion, le microcrédit, les parlements régionaux, la création d'une banque du peuple, la libération des initiatives individuelles en matière de création d'écoles, de maisons de retraite, de garderies… Autant de mesures qu'il aurait souhaité voir appliquer de nos jours. Mais, politiquement ou philosophiquement parlant, où situer cette pensée ? S'agissait-il, chez Proudhon, d'un vrai désir de transformation et de réforme sociale, ou plutôt d'une vision assez réactionnaire de la société ?

La démarche proudhonienne de Michel Onfray n'était donc, finalement, pas accessible au premier venu. Si souvent revendiquée par le philosophe, elle venait presque – avec habileté – brouiller les pistes de son positionnement politique actuel.

Luc Le Vaillant, de son côté, me détailla avec clarté ses propres convictions, ne voulant pas qu'on le prenne pour ce qu'il n'était pas. Du reste, pourquoi l'aurait-il fait ? Ce journaliste semblait avoir des rapports courageux et sains avec ses opinions. Et tant pis si elles dérangeaient, y compris ses jeunes confrères de la rédaction de *Libération*. En nous asseyant dans l'une des salles de réunion du journal, une pièce aux cloisons de verre, il me dit, sans détour, après avoir croisé dans les couloirs quelques-uns de ses collègues : « Il existe une nouvelle génération de trouillards, d'offensés et d'apeurés. Pour moi, ils ont la même demande de sécurité que les régaliens de droite. Et je ne suis plus en phase avec eux. Notamment sur la censure, la *cancel culture*. Je les vois être des puritains, ou plus exactement des néopuritains. Une évolution moralisatrice que je déteste[1]. »

Luc Le Vaillant… le dernier (et vaillant) libertaire d'une profession qui ne le serait plus ? Lui qui fut, dans sa jeunesse, un apprenti révolutionnaire, un lanceur de grèves dans les établissements religieux où il suivit sa scolarité, atteint d'une « névrose d'adolescence » – comme il la dépeint – qui ne le quitta guère, au point de n'avoir cessé, dans sa vie d'homme et de journaliste, d'être un contestataire de tous les pouvoirs en même temps qu'un vrai défenseur des plaisirs de l'existence.

Avec de telles convictions, le journaliste avait dû apprécier le personnage de Michel Onfray. Je fus surprise par sa réponse : « Il y a quelques années, je vous aurais répondu oui. Onfray, pour moi, c'était clair, structuré. Il était proudhonien, athée et libertaire, tout ce qui me convenait. Mais aujourd'hui, je ne dis pas que cela ne me convient plus, je dis que je n'y comprends plus rien.

— Pourquoi ?

— Parce qu'il parle de tout. Je nage maintenant avec lui. Sa critique de la psychanalyse, pourquoi pas. Mais on

1. Entretien avec l'auteure, le 12 mai 2021.

sent, avec ce livre, comme avec d'autres, qu'il règle trop de comptes personnels qui nous font perdre le fil. Avant, il y avait en lui une certaine homogénéité de comportement et de pensée, mais aujourd'hui je ne le pige plus. Peut-être aussi m'a-t-il fatigué, est-il tellement partout que je l'ai abandonné, que j'ai tiré le rideau devant la saturation de sa surexposition. À mon sens, Onfray s'est perdu dans trop de choses… »

Luc Le Vaillant appuyait sur un sujet que j'avais déjà évoqué avec le philosophe. Pourquoi une telle surprésence médiatique ? Presse écrite, audiovisuelle, Michel Onfray semblait partout, courant le risque d'une parole démonétisée. Lui-même en était conscient.

« Je ne sais pas ce qu'il faut faire. C'est vrai que j'ai mis le doigt dans l'engrenage. Je crois effectivement que je parle trop, que l'on me voit trop. Il y a de l'énervement pour certains, qui se disent "encore lui !"… Je le comprends très bien. L'intellectuel a recouvert un peu le philosophe, et cela ne me réjouit pas. Je suis aujourd'hui plus sollicité pour mes prises de position sur l'actualité que pour mes livres de philo. Mais c'est vrai qu'il y a quelque chose de militant chez moi. On ne peut pas laisser ceux qui prennent la parole sans réponse. Il faut tenir un discours alternatif, faire le chevalier blanc. Par ailleurs, beaucoup de personnes m'encouragent à continuer, en m'affirmant qu'elles ont besoin de moi, qu'elles me lisent, m'écoutent. Cela me crée des devoirs. Alors comment faire : les semaines paires, je parle, et les semaines impaires, je me tais ! Je me dis que la solution devrait être radicale : ne plus commenter l'actualité, ne plus faire de télé pour ça. J'écris des livres, et puis voilà. Vous n'êtes pas obligée de me croire, mais je n'aime pas ce jeu médiatique. Il n'y a qu'une chose que j'aime : être à mon bureau et travailler. Venir à Paris, prendre les taxis, parler à la télévision, est une vraie mécanique que je mets en route – car c'est exactement cela, une mécanique ! Mais, à un moment donné, être dans une espèce de diète calculée me paraît compliqué. Un peu plus, un peu moins... un zeste de parole, un doigt de silence... il serait plus facile de me dire : "J'arrête, je ne fais plus rien de tout ça." Peut-être ce jour viendra-t-il. »

En attendant cette éventuelle mise en retrait, Michel Onfray est devenu, aux yeux de certains, l'intellectuel « toutologue » et « gourou » qui sied à une époque où l'opinion publique, déboussolée, serait prête à suivre ceux qui semblent lui donner une vision du monde cohérente en même temps qu'un décryptage de la polémique du jour. La faute aux médias, peut-être, qui tendent si facilement le micro à des personnalités pour démêler l'écheveau de l'actualité. Mais la faute aussi à Michel Onfray qui a pris une décision remarquée dans le microcosme de la pensée : en plus d'intervenir dans la presse et à l'écran, il a créé son propre média ! Ainsi, en 2016, la Web TV Michel Onfray TV a été lancée. Ouvrir son propre canal d'expression pour parler à son public (sans contradicteur), il fallait oser !

Un homme l'a encouragé à prendre une telle décision et accompagné dans sa démarche : Stéphane Simon. Après avoir été pendant vingt ans le compagnon de route de Thierry Ardisson pour la production de ses grandes émissions – dont les emblématiques *Rive droite/Rive gauche* sur Paris Première ou *Salut les Terriens* sur Canal+ –, ce faiseur de tendances audiovisuelles a monté, sur la Toile, plusieurs programmes de niche. Une webtélé sur le vin, une sur le *fooding*, une autre, intitulée *Bas les masques*, lancée en novembre 2020, soit en pleine crise sanitaire, se présentant comme « un média indépendant qui propose une information libre et objective sur l'épidémie ». Ensuite sont venues les Web TV liées à des personnalités. Des noms devenus des marques suffisamment fortes pour leur faire porter un média en ligne. Il y a eu, par exemple, Natacha Polony, avec Polony TV, rebaptisée Marianne TV, ou le très médiatique avocat Gilles-William Goldnadel, avec Goldnadel TV.

Michel Onfray ne fut pas difficile à convaincre. Stéphane Simon le rencontra sur le plateau de l'une des émissions qu'il produisait, *Les Grandes Questions*, sur France 5, présentée à l'époque par Franz-Olivier Giesbert. L'argumentaire était bien rodé : *primo*, le monde médiatique de demain sera numérique, entre webtélés, sites d'infos en ligne, réseaux sociaux et *pay-per-view* ; *secundo*, l'hyper-spécialisation des médias et les médias affinitaires auront le vent en poupe, au nom d'un principe, « ne pas chercher à plaire au plus grand nombre, mais à une communauté de personnes ». Stéphane Simon estimait que Michel Onfray représentait une incarnation suffisamment forte pour créer autour de lui une chaîne de télévision, avec un public prêt à le suivre sur le Web. Le philosophe l'écouta, avec attention, mais ne s'engagea pas encore.

Ce sont les attentats terroristes de 2015 – ceux du 13 novembre, qui firent 130 morts, au Stade de France et au Bataclan, et à plusieurs terrasses de restaurants de l'est parisien ; et celui du 6 juin 2017, où un jihadiste, armé d'un marteau, attaqua un policier sur le parvis de la cathédrale Notre-Dame – qui lui firent franchir le pas. Michel Onfray, après ce dernier drame, s'en prit à la politique étrangère de la France, estimant que ces attentats étaient inévitables : « Que va-t-on faire en Syrie, en Irak, en Libye ? Pourquoi ne va-t-on pas en Corée du Nord ? » avant d'ajouter : « Quand ce monsieur frappe un policier avec un marteau et dit : “C'est pour la Syrie”, peut-on entendre ce que dit ce monsieur ? Cela veut dire que nous récoltons nationalement ce que nous semons internationalement. [...] Je fais mon travail de philosophe en me demandant : d'où vient le terrorisme ? »

En défendant l'idée qu'il existerait un effet boomerang entre les interventions menées par la France à l'étranger et les attaques qui la frappaient – pour faire simple, la France n'aurait eu que ce qu'elle méritait –, le philosophe déclencha un vif débat public. D'autant que se jouaient, au même moment, les élections législatives de juin 2017. La presse s'emballa. Nombre de personnalités et d'intellectuels trouvèrent scandaleuse une telle position. Stéphane Simon profita de ce qu'il appela « un déluge de lynchage » pour présenter à nouveau l'idée de Web TV à Michel Onfray, arguant que si on ne le laissait pas s'expliquer, si des « snipers étaient toujours présents sur les plateaux de télévision pour le dézinguer et l'empêcher de développer sa pensée », la seule solution était d'avoir sa propre plateforme, un réseau à sa main lui permettant de s'exprimer sans difficulté. Le marché se conclut. Avec un philosophe dupe de rien, conscient que Stéphane Simon, « businessman avant tout, avait compris le potentiel médiatique de [s]on nom ».

Au plus fort des audiences, 15 000 personnes s'abonnèrent à cette chaîne de télévision. Contre 4 euros par mois pour accéder à des contenus exclusifs du philosophe et pouvoir lui poser directement des questions. Auxquelles il répond, par vidéo, chaque semaine. Plus de 50 000 lui ont été ainsi adressées depuis l'ouverture de la chaîne, soit environ 200 par jour ! Michel Onfray répond, en moyenne, à une sur vingt. Lors d'enregistrements qui ont lieu dans les studios de Stéphane Simon et de sa société TéléParis, à Levallois-Perret.

Je découvris les locaux en même temps que leur propriétaire en accompagnant Michel Onfray à plusieurs séances filmées de questions-réponses. Les bureaux ressemblent à une start-up, avec des espaces ouverts aux couleurs claires, et un véritable bar, à l'accueil, en libre-service, prêt à accueillir collaborateurs et invités. Sont alignés sur les murs les souvenirs des émissions réalisées avec Thierry Ardisson à l'époque des grandes heures de la télévision, quand celle-ci offrait encore des budgets très confortables. Des émissions où étaient savamment orchestrés les clashs, les rencontres improbables et le fameux « Sucer, c'est tromper ? », question lancée pour la première fois à un Michel Rocard éberlué, et reprise, par la suite, à l'attention d'autres invités du showbiz et de la politique. C'est l'arrêt de *Salut les Terriens* du même Thierry Ardisson, en 2019, qui représentait 80 % du chiffre d'affaires de TéléParis, qui obligea Stéphane Simon à revoir sa stratégie et à investir dans des webtélés, surfant sur le modèle florissant des chaînes de youtubeurs prisées par les ados d'alors, comme Cyprien…

Stéphane Simon, âgé d'une cinquantaine d'années, souvent en jean et baskets sur chemise ouverte, ressemble à ces entrepreneurs touche-à-tout qui savent, à la moindre crise, se réinventer, sentir le nouveau sens du vent et créer, pour continuer à gagner de l'argent, d'autres *joujoux*. « On a fait la première webtélé d'un philosophe au monde[1] », m'affirma-t-il, lors de notre première rencontre. « Et dans ce projet, j'ai apporté à Michel des choses qu'il ne maîtrise pas très bien, une capacité de logistique, de coordination, et la connaissance du digital. Il a un grand sens du public, mais c'est un homme de l'écrit, du livre. Je lui ai transmis ce que j'ai compris assez tôt, c'est-à-dire le basculement digital du monde. »

Avant la création de sa webtélé, Michel Onfray n'était, en effet, « qu'un » homme de lettres, qui faisait confiance à des éditeurs pour la parution de ses livres. Cette fois, il avait accepté de changer de canal d'expression en montrant une modernité et une agilité certaines. Mais ce faisant, ne poursuivait-il pas la démarche de vulgarisation et de démocratisation du savoir qu'il avait entamée à la création de son Université populaire ?

La variété des questions posées par les abonnés de la chaîne me frappa, celles-ci allaient de « Donnez-vous des pourboires ? », « J'aime l'art contemporain, mais je suis gêné que l'argent y règne en maître. Et vous ? », « Vous avez déclaré avoir adhéré à Mai 68 mais sans être soixante-huitard. Que voulez-vous dire ? » à « Peut-on vraiment réussir l'éducation d'un enfant ? », « Que pensez-vous des miracles de Lourdes ? », « Le milieu de l'édition est-il un milieu de confiance ? », en passant par « Jean-Paul Belmondo aux Invalides : n'en a-t-on pas trop fait ? », « Que pensez-vous de Sciences Po ? », et encore : « Quel est le meilleur repas que vous ayez fait dans votre vie ? » Pour répondre, le philosophe s'isolait deux ou trois heures durant, dans le studio d'enregistrement, face caméra, et

1. Entretien avec l'auteure, le 15 mars 2021.

traitait plus d'une dizaine de thèmes à la suite, sans faire de pause. Seul le manque de temps l'obligeait à laisser certaines interrogations de côté, toujours à regret.

En assistant à ces enregistrements, assise dans un coin du studio, je constatai que la capacité de Michel Onfray à parler était presque aussi inépuisable que sa capacité à écrire. Il y avait, là encore, un flux qui semblait ne pas vouloir s'arrêter. Un flux calme, dans sa tonalité, mais dense. Une question surgit : comment cet homme tenait-il physiquement ? Comment pouvait-il, dans une même journée, écrire, le matin, 10 à 15 feuillets pour un livre et répondre, dans l'après-midi, à autant de sollicitations d'internautes sans jamais montrer le moindre signe de fatigue ?

Une nouvelle question s'imposait à moi : Michel Onfray était-il, avec cette Web TV, en avance sur son temps ? En défricheur, avait-il compris que le pouvoir intellectuel devait s'adapter à son époque et changer de *medium* ? Ou franchissait-il, au contraire, un Rubicon qui l'éloignait définitivement de toute légitimité intellectuelle et scientifique ?

Je n'avais jamais mentionné à Michel Onfray cette série de Canal+, *Baron noir*, créée en 2016, et dont j'avais apprécié la plongée ultraréaliste dans les arcanes de la vie politique française. Je savais qu'il n'aurait pas aimé une comparaison avec l'un des personnages, Christophe Mercier, qui apparaît dans la troisième et dernière saison. En professeur, non de philosophie mais de biologie, visage fermé, le personnage déploie, sur son blog et dans ses vidéos postées sur le Net, une rhétorique antisystème maîtrisée, et bat des records de visionnage qui lui permettent de se hisser au second tour de l'élection présidentielle. Un scénario et une incarnation si réalistes que même Emmanuel Macron, paraît-il, aurait demandé au scénariste de la série, Éric Benzekri, de qui il s'inspirait. « La série est une parabole : chacun y projette ce qu'il veut y voir », lui aurait-il été répondu. À coup sûr, Michel Onfray n'aimerait pas ce miroir tendu entre lui et ce personnage de fiction, notamment parce que celui-ci est assez peu sympathique et finit mal. Mais comment ne pas s'amuser de certains dialogues ? L'un des autres héros de la série, Michel Vidal, qui ressemble à s'y méprendre à Jean-Luc Mélenchon, s'adresse un jour à Christophe Mercier ainsi : « Christophe, vous avez une audience, vous êtes une boussole pour beaucoup de gens désorientés, humiliés par le système. Mais vous êtes comme un adolescent en politique. Vous volez d'enchantement en révolte ; vous avez le courage, la fraîcheur et la naïveté nécessaires pour vous battre contre vents et marées. Mais l'adolescence comporte aussi une part d'errance. Il faut grandir, Christophe ! »

Michel Onfray avait-il un jour sérieusement pensé à s'engager en politique ? Ou l'imaginait-il comme une hypothèse possible ? Jean de La Fontaine l'avait, en son temps, conseillé dans l'une de ses fables sur la vie de cour : « Tâchez quelquefois de répondre en Normand »... Avec un à-propos géographique, c'est ce que fit le philosophe lorsque je l'interrogeai sur ce thème : « Être élu ne m'intéresse pas. Je ne le veux pas, je ne le demande pas ! La seule chose, c'est que je suis un homme de devoir. Si les gens viennent vous chercher, vous y allez. Cela me paraît normal. Mais il s'agit d'une hypothèse pure. Et je ne le dirai jamais publiquement, car cela laisserait croire que je suis intéressé. Des intellectuels en politique, il y en a eu, comme Vaclav Havel : mais on est venu le chercher, le pays s'effondrait, il était un recours. Mais on n'en est pas là ! Le pays ne s'effondre pas encore, et s'effondrerait-il que je ne serais pas le recours de toute façon. Je ne vois pas au nom de quoi. Il y avait une légitimité de l'histoire chez une personne comme Havel : il était un opposant, il avait fait de la prison. Moi, je n'ai aucune légitimité historique. Et je ne suis pas intéressé par ça. Pour autant, je ne laisserai pas le peuple. Sollicité par lui, je ne pourrai pas dire : “Non, laissez-moi tranquille, je préfère, à la Voltaire, cultiver mon jardin…” Si je peux être utile, je le serai. Mais je préférerais être utile ailleurs que sur le terrain politique. »

En attendant l'hypothèse d'un recours ou, à l'inverse, une possible diète médiatique, Michel Onfray a gagné, grâce à ses propres médias, et par sa surexposition dans la presse écrite et audiovisuelle, une vraie communauté de supporters et de fans qui le suivent et le « likent » au gré de ses interventions. Mais il a perdu aussi, en route, certains compagnons de pensée. Comme Luc Le Vaillant.

« Pourtant, avais-je demandé au journaliste, vous l'avez défendu dans les pages de *Libé*, à un moment où ce n'était pas facile, puisque votre rédacteur en chef de l'époque, Laurent Joffrin, avait pris Michel Onfray comme ennemi juré, lui consacrant des unes et des articles peu cléments. Pour lui, le philosophe avait trahi la gauche et mal tourné, à cause d'un simplisme inquiétant et d'un ralliement indirect aux idées de l'extrême droite. Je vous ai lu, vous écriviez que cette bagarre Onfray-Joffrin était un douloureux crève-cœur pour vous, puisque, en homme de gauche, vous mixiez souvent les idées et prises de positions des deux hommes. J'ai même avec moi un de vos articles, qui ne manque pas d'humour : “À ma gauche, veuillez saluer l'entrée de Michel Onfray, philosophe hédoniste et matérialiste, gants en cuir populaire et peignoir d'ancien pauvre rebrodé d'or best-seller. De l'autre côté du ring, je ne dirais pas à ma droite car ce serait mal interprété et contesté par ceux qui abouchent extrême droite et extrême gauche et pensent qu'Onfray fait tourner le manège des Le Pen, applaudissez Laurent Joffrin, directeur de *Libération*, social-démocrate rationnel et cartésien, progressiste et pragmatique[1]." »

En abordant avec Luc Le Vaillant cette querelle entre Onfray et Joffrin, j'en venais à un sujet central : la politique, et le rapport du philosophe à celle-ci.

Il suffisait, comme je l'avais fait, de se constituer une rapide revue de presse rassemblant les portraits qui lui ont été consacrés ces dernières années pour comprendre la problématique : « Michel Onfray, l'incompris », « Michel Onfray, le philosophe qui divise », « L'homme des malentendus », « Ni droite, ni gauche, Onfray ! »... Ou bien encore, dans un registre plus offensif, « Michel Onfray, un chevènementiste libertaire, un oiseau sous-marin, un mammifère ovipare... », « Onfray est-il un nouveau réac ? », « Comment Michel Onfray fait le jeu du FN ? »...

La problématique pouvait se résumer simplement : dans les années 1990, et jusqu'à la création de son Université populaire en 2002, le philosophe était le héros de la gauche, la culturelle comme la radicale : la première croyait se reconnaître dans son hédonisme, tandis que la seconde voyait en lui un révolutionnaire. Au milieu des années 2000, les choses ont évolué progressivement. Les livres qu'il écrit ont commencé à être mal perçus par ces gauches que Michel Onfray qualifia très vite d'hypocrites, « prêchant la tolérance tout en ne tolérant que leur propre pensée ». Dans

1. *Libération*, 27 novembre 2015.

son *Traité d'athéologie*[1], publié en 2005, si sa charge contre le christianisme fut applaudie, sa lecture critique du Coran et de l'islam passa mal. En 2010, lorsqu'il déboulonna la statue de Freud, la gauche intellectuelle se déchaîna, inutile d'y revenir. Et puis, de tribunes dans la presse écrite en interventions médiatiques, dont le rythme ne fit que s'accélérer ces années-là, on s'aperçut progressivement du malentendu : l'hédonisme de Michel Onfray était en réalité aux antipodes de l'individualisme jouisseur des soixante-huitards ; il s'avérait être fondé sur une éthique de la responsabilité exigeante. Son athéisme n'excluait ni le respect des croyants ni la morale.

En 2016, il publia une autobiographie politique, *Le Miroir aux alouettes*[2], pour donner à voir ce qu'il est, dans ses fidélités comme dans ses détestations. Le livre règle des comptes avec la gauche « politiquement correcte », la gauche radicale « islamophile » et les socialistes au pouvoir. Michel Onfray dit être resté « fidèle à l'idée socialiste », alors que François Mitterrand et ses successeurs l'avaient trahie, au moins deux fois : en 1983, avec le tournant de la rigueur libérale, et en 1991, avec l'intervention en Irak. « La gauche gouvernementale qui pense comme Giscard en économie et comme Bush I et II en politique étrangère. » On pourrait ajouter une troisième trahison des socialistes : celle qui a substitué au « peuple *old school* » un assemblage hétéroclite de « marges » et de « communautés ». Formulé autrement, Michel Onfray reproche à la gauche soixante-huitarde d'avoir abandonné le peuple au profit des homosexuels, des immigrés ou d'autres groupes dominés. La

1. Michel Onfray, *Traité d'athéologie*, Grasset, 2005.
2. Michel Onfray, *Le Miroir aux alouettes*, Plon, 2016.

faute, encore, à François Mitterrand, qui aurait favorisé la montée du Front national afin de se maintenir au pouvoir : « L'antiracisme crée un peuple de substitution, celui des blacks, des beurs et des feujs, comme il convient désormais de dire. »

Alors comment résumer tout cela ? Michel Onfray serait-il un *réac de gauche* ? Qui préfère la lutte des classes aux sirènes de l'intersectionnalité ? Ou plutôt un *anarchiste conservateur* ? Ou plus simplement un *populiste* ? À ne retenir qu'un mot, ce serait sans doute ce dernier, puisqu'il est aujourd'hui le plus repris dans la presse pour qualifier le philosophe.

Je lui avais posé la question. Sa réponse avait été sans ambiguïté : « Oui, je suis populiste ! Je fais partie de ces personnes qui sont franchement du côté du peuple, et il n'y en a pas beaucoup. J'ai un souci empathique du peuple. Contrairement à d'autres intellectuels, je ne manie pas des catégories, des concepts, des chiffres, des analyses sociologiques... tout ça est très bien, mais mes références à moi sont très concrètes quant à la misère des gens. Je ne suis pas dans un populisme transcendantal. Moi, je suis nominaliste. La réalité du peuple est plus importante que l'idée du peuple. C'est aussi parce que je manie la réalité que certains me dénient d'être un philosophe. Si vous maniez des idées, vous êtes un philosophe, si vous maniez la réalité, vous ne l'êtes plus. »

En sortant de la salle de réunion où nous étions, Luc Le Vaillant me présenta la personne documentaliste de la rédaction. Une femme d'une cinquantaine d'années, à la voix rocailleuse : « Ah, vous travaillez sur Michel Onfray. C'est drôle, je parlais justement de lui avec ma fille ce matin, juste avant qu'elle ne parte au lycée.

— Et vous en disiez quoi ?

— Eh bien, que ma fille ne l'avait jamais connu de gauche ! »

Cette réponse fut prononcée dans un éclat de rire, où pointait encore la sympathie des anciens de *Libé* pour le philosophe d'Argentan qu'ils avaient connu dans leurs plus jeunes années.

Michel Onfray m'avait parlé de ses votes successifs aux élections présidentielles. En 1981, ce fut en faveur de la candidate du PSU, Parti socialiste unifié, au premier tour, Huguette Bouchardeau, et de François Mitterrand au second tour. « Le soir de la victoire de Mitterrand, j'ai épuisé la batterie de ma voiture en klaxonnant dans Argentan. Je faisais partie de ceux qui étaient très heureux de cette élection ! » Avec cette précision, tout de même : « Mais je n'étais pas mitterrandien, j'étais de gauche ! » En 1988, échaudé par François Mitterrand « converti au libéralisme », Michel Onfray vota pour le candidat du Parti communiste, Pierre Juquin, au premier tour, puis se rallia à Mitterrand au second, par discipline républicaine. En 1995, son vote ira deux fois à Lionel Jospin, avec un soutien officiel, puisque Michel Onfray accepta même de figurer dans le comité de soutien du candidat. En 2002, il renonça à voter Jean-Pierre Chevènement et choisit Olivier Besancenot, qui promettait un rassemblement de toute la gauche antilibérale. Une autre personnalité l'attira : Jean-Luc Mélenchon. Mais l'attrait sera de courte durée : « L'investiture Front de gauche lui a monté à la tête. Désormais, il compulse les œuvres complètes de

Robespierre avant de préparer chacun de ses discours ! La guillotine, réelle ou symbolique, ne saurait être un horizon libertaire. » Le second tour de 2002, avec Lionel Jospin exclu de la course et Jean-Marie Le Pen qualifié, lui imposa un vote blanc… qui fut encore de mise en 2007, au premier et second tour : « Pas question de voter Besancenot qui a montré que son rassemblement était un effet d'annonce et de boutique [...] pas question pour autant de voter Ségolène Royal qui était prête à tout pour être élue et qui fit savoir que François Bayrou pourrait être son Premier ministre[1] ! » Et à partir de cette élection présidentielle de 2012, Michel Onfray n'ira tout simplement plus voter. « Chaque consultation se révèle *in fine* sans mystère : c'est toujours un libéral qui se trouve élu. Un libéral de droite ou un libéral de gauche, mais un libéral tout de même. L'excipient change de couleur, mais le suppositoire reste identique. [...] Je crois que ne pas voter est un devoir quand ceux qui se présentent à nos suffrages se moquent d'honorer les promesses qu'ils font pour parvenir au pouvoir[2]. »

J'avais évidemment échangé avec Michel Onfray sur son appartenance à la grande famille de la gauche française. Avait-elle aujourd'hui encore un sens ?

Sa réponse nous ramena au peuple : « C'est une question que l'on me pose très souvent, ce qui est assez énervant, comme si je devais me justifier en permanence… Si être de gauche, c'est dire : "Je n'oublie pas le peuple qui s'en prend plein la figure depuis l'euro, depuis l'Europe, depuis le libéralisme", alors je suis de gauche. Il y a des personnes qui me

1. Michel Onfray, *Le Miroir aux alouettes*, Pluriel, 2017, p. 30.
2. *Ibid.*, p. 31.

disent : “Ça n’existe plus, le peuple.” D’autres me disent : “Ça n’existe plus, le prolétariat.” Et ceux qui livrent des pizzas à 23 heures sous la flotte quand il fait 7 degrés ! C’est quoi ? C’est la bourgeoisie peut-être ?! »

Le peuple comme boussole politique. C’est-à-dire les plus faibles, les gens modestes, les sans-grade. Aux yeux de Michel Onfray, il vaut mieux être *populiste* que *populicide*, pour emprunter un mot à Gracchus Babeuf. Il n’y a pas d’entre-deux.

À l’évocation de ce *peuple* cher à Michel Onfray, Luc Le Vaillant lâcha, sans tempérer sa déception au sujet du philosophe : « Avec lui, le peuple serait décent et bon par principe ! Non mais deux baffes ! On se croirait au Parti communiste du temps de Thorez. L’Onfray que j’aimais se trahit là, par un populisme moraliste qui n’était pas son registre au départ. C’est pour moi une rupture totale ! »

Une opinion qui venait en écho à celle de Jean-Paul Enthoven. Lors de notre rencontre, lui aussi avait été direct à ce sujet : « Si vous voulez parler de Michel Onfray et de la politique, gagnons du temps : il y a une chose essentielle qui a joué chez lui… la sacralisation du peuple ! André Glucksmann a publié un livre qui s’appelait *La Cuisinière et le Mangeur d’hommes*, où il prenait l’exemple d’un des personnages de l’écrivain russe Soljenitsyne : Matriona, une paysanne vivant de rien, qui, coincée entre sa cuisine et son four, privée de parole, ne tolérait plus d’être bâillonnée par le mépris et la faconde des maîtres. Glucksmann écrit : “L’œil de Matriona voit juste !” C’est-à-dire : le peuple voit juste[1] ! »

1. Entretien avec l’auteure, le 24 mars 2021.

Je revoyais, à ce moment de notre discussion, Jean-Paul Enthoven lever la main, comme pour balayer cette idée, et reprendre son propos, sans sourciller : « Le peuple peut dire aussi des conneries, et il en dit même souvent ! C'était ça que j'essayais de montrer à Michel, notamment en parlant un peu d'économie. Et nous rejouions, *mutatis mutandis*, la même histoire que celle de Raymond Aron avec Jean-Paul Sartre. Ils partageaient tous les deux la même turne à Normale sup. Raymond Aron m'a raconté avoir dit très souvent à Jean-Paul Sartre : "Tu vas faire des choses formidables, tu parles de Bergson, de Heidegger comme personne… mais tu n'y comprends rien en économie, laisse-moi t'expliquer les choses, pendant une après-midi, et cela t'évitera de dire des conneries !" Sartre l'a traité de tous les noms, de valet de l'impérialisme… moyennant quoi, Sartre a dit des conneries économiques et politiques toute sa vie ! Trouvant merveilleux le système de Cuba, le communisme russe, etc. ! S'il avait juste compris comment fonctionne une machine sociale… »

Michel Onfray serait-il incapable de sagacité économique ? Jean-Paul Enthoven en était persuadé. Mais était-ce là le plus grave ? « Un fou, c'est celui qui a tout perdu, sauf la raison. » L'éditeur aurait bien renversé la phrase de Chesterton en parlant de son ancien auteur et de ses opinions politiques. Selon lui, la folie du populisme avait gagné Michel Onfray. Une « folie » qui s'opposait au « cercle de la raison » auquel, lui, m'avait-il souligné, appartenait.

Alain Minc avait tracé les contours, au siècle dernier, de ce cercle : aux impératifs européens, teintés de progressisme s'ajoutait le culte des experts, du droit, des chiffres. À l'en croire, précision, constance, distance formaient la trinité de la compétence et de la légitimité. La politique était donc une chose trop sérieuse pour la laisser aux bateleurs d'estrade et à leurs foucades… Or, voilà ce qu'était devenu Michel Onfray aux yeux de Jean-Paul Enthoven.

Comme dans les séries télévisées, une dernière saison de ce combat ontologique entre l'éditeur et le philosophe s'est donc jouée sur le terrain politique. Une saison ultime, en clap de fin.

24

La question peut légitimement se poser : est-on contraint de rompre avec un ami qui suit un autre chemin idéologique que soi ? *A priori* non. On a vu des amitiés se maintenir au-delà des opinions politiques. Il paraît que Marguerite Duras, lorsqu'elle choisit le camp de la Résistance, ne se brouilla pas avec son voisin et ami, l'écrivain et critique littéraire Ramon Fernandez qui, après avoir été socialiste, suivit la politique collaborationniste de Vichy. Cela dépend-il du degré de tolérance ? Ne devrait-on pas pouvoir supporter d'un ami ce que l'on admettrait plus difficilement d'un inconnu croisé au hasard d'un dîner en ville, et dont les différences d'idées peuvent vite devenir rédhibitoires à la poursuite de tout dialogue ?

Jean-Paul Enthoven et Michel Onfray n'avaient sans doute pas besoin d'un sujet de discorde supplémentaire pour s'éloigner définitivement l'un de l'autre, mais la politique a lancé sans conteste des faisceaux d'éclairs et foudroyé le peu qui restait de leur relation passée. Avec, à la source de cette décharge électrique : Emmanuel Macron.

L'arrivée de ce jeune homme de 39 ans à la présidence de la République, en 2017, devait marquer une relève. Le sacre de la jeunesse, de la fraîcheur politique, avec la figure providentielle d'un chef d'État qui voulait agir par-delà les partis, récusant les concepts de gauche et de droite. Emmanuel Macron incarnait alors la compétence économique, un libéralisme tempéré, un tropisme européaniste et promettait un réformisme audacieux en même temps qu'une gouvernance plus moderne. Un « cercle de la raison » rénové et rajeuni, en quelque sorte.

Évidemment, Michel Onfray n'adhéra ni au personnage ni à ses idées, et tira sans attendre, et à boulets rouges, sur cet adversaire idéologique. Emmanuel Macron était à ses yeux le pur reflet d'un ordre social, voire d'une domination sociale, celui d'une élite parisienne, technocratique, progressiste, tournée vers la mondialisation.

Emmanuel Macron le lui rendit bien, et rapidement. L'écrivain Philippe Besson suivit la campagne présidentielle de 2017 et la relata dans un livre, *Un personnage de roman*. On y retrouve le nom de Michel Onfray, ainsi que celui d'autres intellectuels, Alain Finkielkraut, Régis Debray, Emmanuel Todd et Alain Badiou. Le candidat à la fonction suprême, cité par Philippe Besson, fait de ces hommes les atlantes d'un temple à méninges prêt à s'effondrer : « Ils sont dans de vieux schémas. Ils regardent avec les yeux d'hier. Ils font du bruit avec de vieux instruments. Pour une large part d'entre eux, ça fait longtemps qu'ils n'ont pas produit quelque chose de renversant. Du reste, ils proposent quoi ? Ils sont sur les Aventin. Ils n'aiment pas l'action politique, mais vivent de leur commentaire. Ils sont devenus des éditorialistes. Des esprits tristes englués dans l'invective permanente. Ce qu'ils détestent, c'est l'idée même d'une réconciliation. Je leur préfère de vrais penseurs. Jürgen Habermas, par exemple. On se situe à un autre niveau[1]. »

Le président de la République, victorieux de 2017, fut vite rattrapé par une grave crise politique et sociale, celle des ronds-points et des Gilets jaunes, à l'hiver 2018. La France rurale et périurbaine réclamait reconnaissance et perspectives. L'idée d'une fracture entre le chef de l'État et le *peuple* s'installa.

Michel Onfray n'en fut pas surpris. Il l'avait vu venir. Alors que d'autres intellectuels, y compris à gauche, se retrouvèrent désemparés devant le mouvement des Gilets jaunes, le philosophe défendit dès la première heure ces affects populaires, et dénonça, dans le même temps, cette gauche « prolophobe » incapable de comprendre la détresse de ceux qui ont des fins de mois difficiles, quand l'argent vient à manquer pour faire des courses et nourrir la famille.

Au début 2019, en réponse à cette crise, le président Emmanuel Macron voulut donner la parole aux Français dans un grand débat national. Il fit remplir des cahiers de doléances et organisa des réunions publiques dans tout le pays, avec des élus locaux, des responsables associatifs, des jeunes, des agriculteurs... Cette grande conversation nationale se termina à Paris, le 18 mars, dans la salle des fêtes de l'Élysée, avec 64 intellectuels invités à débattre avec lui. De cet échange, qui dura huit heures, retransmis en direct par France Culture, le président attendait une compréhension approfondie de la crise que traversait le pays, mais aussi une exploration des « voies et moyens d'en sortir ».

---

1. Philippe Besson, *Un personnage de roman*, Julliard, 2017, p. 245.

Avaient répondu à son invitation des économistes, sociologues, juristes, scientifiques, géographes, climatologues, politistes, historiens, philosophes ou responsables de *think tanks* réputés. En somme, toute la Haute Pensée française. Voici quelques noms des personnalités présentes : les économistes Daniel Cohen, Jean Pisani-Ferry et Jean-Claude Casanova, le sociologue Michel Wieviorka, la philosophe Monique Canto-Sperber, le neurologue Boris Cyrulnik, l'écrivain Pascal Bruckner, l'historien Benjamin Stora, les politologues Dominique Reynié et Gilles Kepel…

Certains intellectuels, une trentaine paraît-il, avaient refusé l'invitation. Une moitié, pour des raisons d'agenda. Comme Jacques Julliard. L'autre moitié, par refus de l'exercice. L'économiste Thomas Piketti jugea que cet échange était « le sommet de la dérive monarchique ». La philosophe Sylviane Agacinski estima que « les conditions ne [lui] paraiss[ai]ent pas satisfaisantes ». Le jeune philosophe Gaspard Koenig me confia : « Le réflexe évident d'un intellectuel, quand le pouvoir exécutif l'invite à venir, c'est de refuser ! Sartre n'aurait pas été à l'Élysée, c'est aberrant ! Et surtout devant les caméras, avec deux minutes de temps de parole chacun, pour soixante intellectuels ; je trouvais cela humiliant et ridicule ! »

À cette humiliation, certains intellectuels avaient échappé. Malgré eux. Ils n'avaient tout simplement pas été conviés à débattre. Parmi ceux-là, Michel Onfray, volontairement tenu à l'écart par l'Élysée. Mais invite-t-on chez soi quelqu'un qui vous déteste ? La réponse fut non.

Puisque la parole ne lui avait pas été donnée, le philosophe trouva un autre moyen de se faire entendre. En juin 2020 parut le premier numéro d'une revue fondée par lui et par Stéphane Simon : *Front populaire*. Un nouveau média qui s'ajoutait à la Web TV déjà en ligne.

L'objectif de cette revue était affiché ainsi : « Fédérer les souverainistes de droite, de gauche et, surtout, d'ailleurs – à savoir ceux qui ne se reconnaissent pas dans le jeu politique bipolarisé, donc manichéen. Contribuer au débat d'idées qui n'existe plus depuis des années. Faire de telle sorte que des notions comme "peuple", "populaire", "nation", "souverainisme", "protectionnisme" ne soient pas des insultes mais des prétextes à débattre. »

Au-delà de ces objectifs, Emmanuel Macron était le grand cristallisateur du projet. À entendre plusieurs membres du comité de rédaction de la revue organisé autour de Michel Onfray, de la conservatrice Barbara Lefebvre, coautrice, en 2002, des *Territoires perdus de la République*[1] – qui dénonçait les dérives communautaristes dans certaines écoles – à l'avocat engagé Régis de Castelnau, proche du Parti communiste français et de la CGT, l'élection du président de la République a représenté un principe unificateur, un ennemi principal qui a donné du sens à la création d'un organe de presse nouveau et à la réunion de personnalités diverses pour l'animer. Tous avaient trouvé en Emmanuel Macron l'antithèse à leur combat en raison de son côté promondialisation, proeuropéen, probusiness, de son multiculturalisme, de son communautarisme, sans parler des expressions qu'il avait employées telles que « Je traverse la rue et je vous trouve un emploi »… Le souverainisme, donc, comme ligne éditoriale ; et la volonté de faire barrage à la réélection d'Emmanuel Macron, comme projet politique.

1. Emmanuel Brenner (dir.), *Les Territoires perdus de la République*, Fayard, 2015.

Dans la presse, un autre récit s'est écrit lors de la sortie de *Front populaire*. À l'occasion du premier numéro, *Le Monde* publia une enquête ayant pour titre : « Michel Onfray séduit les milieux d'extrême droite ». Qui mentionna plusieurs personnalités de la droite réactionnaire ou de la « réacosphère », qui soutenaient le projet : Alain de Benoist, le fondateur du Groupement de recherche et d'études pour la civilisation européenne (Grece), que *Le Monde* dépeignait comme un club de pensée, « élitiste, antiégalitaire, antidémocratique, qui a toujours eu pour objectif de réarmer idéologiquement la droite et l'extrême droite » ; Patrick Lusinchi, l'un des dirigeants d'*Éléments*, la revue de ce courant ; l'identitaire breton Yann Vallerie ; Claude Chollet, patron d'un observatoire (d'extrême droite) des médias ; Robert Ménard, maire de Béziers, chantre de « l'union des droites », ou encore Philippe Vardon, ancien du Bloc identitaire et du bureau national du Rassemblement national. Et l'article de rappeler ce qu'il appelle les « ambiguïtés » de Michel Onfray sur l'islam, ainsi que ses nombreux « adversaires » à gauche, et d'une manière plus générale, les « convergences » avec l'extrême droite qui finissent, l'histoire l'a prouvé, par être des « ralliements ».

Franz-Olivier Giesbert s'insurgea contre le papier, dénonçant, sur le site du *Point*, une enquête à charge, un modèle du genre, qui présentait Michel Onfray comme un « fascistoïde lepénisant, voire antisémite » : « Pour un peu, ils seraient prêts à invoquer les chambres à gaz et, selon leur phraséologie habituelle, les "heures les plus sombres de notre Histoire" : au secours, Hitler revient ! » Pourquoi tant de haine ? se demande Giesbert qui rappelle, dans son édito, que, politiquement, il n'adhère pas aux sirènes du souverainisme, étant libéral et européen. Il en appelle néanmoins au droit de débattre et au principe de la contradiction : « Nous voici revenus, avec cet article, au temps de la Terreur quand, après la loi du 22 prairial fomentée par ce grand démocrate de Robespierre, les "ennemis du peuple", présumés coupables, étaient privés d'avocats et que des preuves "morales" suffisaient pour les envoyer à l'échafaud ! L'heure est à la mise au pilori si l'on n'appartient pas à la "gauche" tendance *Le Monde*. [...] Que voulez-vous, elle est le Bien. »

Cet éditorial fut publié le 29 mai 2020. Trois jours plus tard, le 1er juin, Bernard-Henri Lévy se mêla au débat. Le souverainisme de Michel Onfray lui était devenu insupportable. Il faut dire qu'un an plus tôt, il avait choisi l'offensive inverse en écrivant une pièce intitulée *Looking for Europe*, dans laquelle il se mettait en scène et développait, dans un monologue, sa vision de l'Europe pour lutter, affirmait-il, contre toutes les vagues de nationalisme, de racisme, de xénophobie et d'antisémitisme qui déferlaient sur le continent, sans précédent depuis les années 1930. Interrogé dans une interview, par *Le Point* également, voilà ce que BHL disait sur la nouvelle revue de Michel Onfray : « Le Front populaire, c'est Blum. Onfray, désormais, c'est Doriot. »

Une comparaison forte ! Un documentaire diffusé sur France 3, en 2018, présentait Jacques Doriot, ancien ouvrier devenu maire de Saint-Denis puis député communiste, comme « le petit Führer français », puisque, sous l'Occupation, il aura été de ceux qui s'engagèrent le plus loin dans la collaboration active. Après avoir créé en 1941 la Légion des volontaires français contre le bolchevisme (LVF), Doriot endossa en effet l'uniforme allemand et prêta serment à Hitler. Ainsi, en une poignée d'années, le fougueux député communiste, qui se déclarait en 1924 le « soldat de l'Armée rouge » à l'Assemblée nationale, bascula d'un bord à l'autre de l'échiquier politique.

La réponse de Michel Onfray à Bernard-Henri Lévy fut la suivante, dans *Le Point* également : « BHL maîtrise à ravir la rhétorique fasciste française des années 1930 dans laquelle l'insulte et l'attaque *ad hominem* pallient l'incapacité au dialogue et au débat. [...] J'ai ma conscience pour moi et je ne vois pas pourquoi je serais affecté par un BHL qui m'associe à Doriot, un homme qui a porté l'uniforme nazi, ou au fascisme, c'est-à-dire au national-socialisme qui a envoyé des enfants dans les chambres à gaz et dans les fours crématoires ! Si je suis l'homme de ces projets-là, je demande qu'on me traîne devant les tribunaux, qu'on m'y juge et qu'on m'enferme s'il y a lieu ! Socrate avait raison de dire qu'il vaut mieux subir l'injustice que de la commettre... »

Pour résumer : la sortie du livre sur Freud n'avait été qu'un avant-propos... Avec la publication de la revue *Front populaire*, toute la charge de discorde entre Michel Onfray et BHL se manifestait sans plus de limite. Une dégringolade d'aversion, que rien n'inverserait, plus jamais.

Il en fut de même avec Jean-Paul Enthoven. Nous avions conclu notre échange, dans son appartement, sur la politique, et ce fut bien sur cet unique sujet que l'éditeur s'était montré ulcéré, sans la moindre once de tendresse ou de sympathie envers son ancien ami. Avec solennité et sévérité, il m'avait lâché : « Sur quel point, et j'aimerais d'ailleurs que vous lui posiez cette question, est-il opposé à Marine Le Pen ? Sur l'Europe, le Brexit, les Gilets jaunes, l'immigration, la retraite à 60 ans, les délocalisations... sur tous ces sujets, ils sont d'accord ! Pour Michel Onfray, je vous l'ai dit, le peuple a toujours raison ; ajoutez à cela le souci de la fermeture globale des frontières et la haine du libéralisme, cela fabrique ce que l'on appelle le national-socialisme ! Je n'y peux rien, les mots ont un sens. Et il est clair que Michel se dirige vers cela. Mais ira-t-il jusqu'au bout[1] ? »

Jean-Paul Enthoven avait hésité quelques instants sur la réponse à donner à cette question. Je m'étais moi-même interrogée sur ce qu'« aller jusqu'au bout » signifiait dans l'esprit de mon interlocuteur. S'agissait-il, pour Michel Onfray, de voter, dans l'urne, en faveur de l'extrême droite ? De s'engager lui-même en politique ? Aux côtés de Marine Le Pen ? De fonder son propre parti ?

« Je ne le pense pas, avait-il repris sans préciser sa pensée. Je sais simplement qu'à chaque fois qu'il aura une occasion de soutenir un mouvement populiste, il le fera. Aujourd'hui, je le laisse définitivement à son amertume et à ses amis. Ce sont tous des fous, des pauvres types, des peine-à-jouir. Mais ce qui est inquiétant, c'est que ce sont eux qui ont du succès aujourd'hui en France. Le courant populiste est un courant porteur. La seule chose qu'il faut espérer, c'est que cette France-là ne prenne pas le pouvoir, c'est tout ! Parce que si elle le prend, nous allons devenir la Bulgarie ou l'Albanie. La seule chose qui nous reste à faire : contrôler la baraque pour les empêcher de nous faire du mal ! »

D'après Jean-Paul Enthoven, Michel Onfray n'avait pas toujours eu ces idées. « Quelque chose lui était monté dans la tête », m'avait-il dit. Une dérive idéologique que rien n'avait plus contenue, notamment après leur séparation.

1. Entretien avec l'auteure, le 24 mars 2021.

Michel Onfray s'était insurgé contre ces propos que je lui avais rapportés : « Il n'y a pas eu, quittant Grasset, le moment où je suis devenu qui je suis ! Je n'ai jamais varié dans mes prises de position. En 1992, je votais non à Maastricht, Jean-Paul Enthoven le sait très bien ! Il se ment à lui-même en se disant que j'étais un gentil garçon de son côté et de son bord. Les archives de toutes mes prises de position témoignent pour moi, pas pour lui. C'est facile de dire aujourd'hui que je suis de droite, voire d'extrême droite. Pourquoi je ne pourrais pas sortir de leurs cases et inventer une autre gauche ? La mienne est libertaire, girondine, proudhonienne. De toute façon, j'ai passé le cap de faire attention aux étiquettes que l'on me colle ! Faites ce que vous voulez avec elles, après tout ! »

Michel Onfray me faisait penser à cette phrase qu'un autre philosophe avait coutume de prononcer, l'Espagnol José Ortega y Gasset : « Je suis moi et ma circonstance. » La circonstance de Michel Onfray était manifestement de vouloir rester de gauche, en faisant appel à une gauche qui n'existait plus vraiment.

Mais pourquoi ? À quoi bon, finalement, vouloir se raccrocher à une famille politique qui ne veut plus de vous désormais ? Si Michel Onfray était un homme politique, avec une visée électorale, allant chercher des voix et un parti, je le comprendrais. Mais pour un intellectuel ? Quel intérêt ?

J'émets une hypothèse : Michel Onfray n'a peut-être pas envie de céder devant ceux qui le rejettent à l'autre bout de l'échiquier politique. C'est-à-dire de céder à des hommes qu'il a côtoyés dans le passé – depuis son arrivée à Paris jusqu'à la création de son Université populaire – au premier rang desquels BHL, Enthoven, et d'autres encore que j'ai rencontrés au cours de mon enquête. L'ancien patron de l'hebdomadaire *Marianne*, Maurice Szafran, un proche de Bernard-Henri Lévy et de Jean-Paul Enthoven, qui avait bien connu Michel Onfray à ses débuts, me confia, lui aussi, sans détour : « La parole d'Onfray sur la politique aujourd'hui n'a rien à voir avec la parole de l'intellectuel Onfray. Le premier est un vrai beauf, qui tient des propos de bistrot sur la politique. Le second a fait des livres remarquables sur l'hédonisme. On me dit que le premier s'appelle Michel Onfray, mais je ne le crois pas ! Avec Michel Onfray, on pouvait discuter de centaines de questions, sur l'athéisme, sur l'hédonisme, sur Montaigne, sur Nietzsche… mais pas avec cet autre type qui fait passer Macron pour un quasi-fasciste qui veut massacrer le peuple français. Peut-être que celui-ci s'appelle Onfray Michel, mais pas Michel Onfray, ce n'est pas possible[1] ! »

Puisqu'il n'y a plus de débat possible avec tous ces gens-là, eh bien, il y aura donc combat ! Et Onfray ne lâchera pas un pouce de terrain ! Pas question ! Il ne leur laissera jamais le plaisir de lui imposer une étiquette politique ! Et puis, rester un homme de gauche, n'est-ce pas aussi un bon moyen rhétorique de confronter ces personnes à leurs contradictions ? N'est-ce pas l'opportunité de leur donner des leçons ? Des leçons de vie, peut-être plus encore que de politique ?

« Être de gauche, m'avait dit un jour Michel Onfray, ce n'est pas voter pour tel ou tel parti, c'est mener une vie de gauche. »

1. Entretien avec l'auteure, le 5 mai 2021.

Des hommes, dans son enfance, le lui avaient montré. Comme son coiffeur, Pierre Billaux. Donner, partager, distribuer ce que l'on a. Du temps, de l'amitié, de la bienveillance et de l'argent, si on en possède. Voilà les vraies valeurs de gauche. Toutes celles dont, à ses yeux, sont dépourvus les *nantis* de la capitale. Cette *gauche caviar*, à laquelle appartient Bernard-Henri Lévy et Jean-Paul Enthoven – une expression qui a encore son actualité dans la bouche de Michel Onfray, même si elle connut surtout son apogée lors des années Mitterrand et du long règne de Jack Lang au ministère de la Culture.

Mais si le mot « gauche » reste manifestement une arme symbolique puissante, sans doute faut-il aussi le dépasser, au risque de déboucher sur une impasse politique et intellectuelle. Je vais m'appliquer à le faire, puisqu'en voyant ces deux hommes, Onfray et Enthoven, c'est finalement plus le combat entre deux France qu'entre deux gauches qui me sauta aux yeux. Chacun des deux installa cette dichotomie dans nos échanges. Michel Onfray, consciemment et sans ambages : combien de fois ne m'a-t-il pas parlé de ces Parisiens, européistes, sociaux-démocrates, libéraux et gagnants de la mondialisation… ? Bref, de tous ceux qui composent, à ses yeux, une France qui ne peut s'entendre avec l'autre, la rurale, celle des périphéries, des territoires, et donc du petit peuple qui souffre dans son coin d'une certaine misère sociale. Jean-Paul Enthoven, lui, ne me le dit jamais aussi explicitement, mais l'observation de son mode de vie et l'écoute de ses réflexions sur son ancien ami, qui souffrait de tant de « cécité » sur la modernité du monde, me laissaient une impression comparable.

Emmanuel Macron aura-t-il été le chef de l'État qui a révélé ces deux France rivales ? Qui en a même exacerbé l'antagonisme ? À regarder la pente suivie par la relation entre Michel Onfray et Jean-Paul Enthoven face à l'arrivée de ce président de la République à l'Élysée et à son exercice du pouvoir, il faut croire que oui. Certes, avant 2017, leur histoire était déjà parcourue de courants, secouée d'aigreurs et en proie à de violentes disputes, mais elle versa, cette année-là, dans un affrontement social et idéologique sans précédent et sans retour… Métonymie des deux France ? La conflictualité entre les deux pays, à l'image de celle qui sévit entre Onfray et Enthoven, serait telle qu'il serait illusoire de penser, demain, à une réconciliation possible ? Répondre positivement à cette dernière question serait nourrir une rhétorique de guerre civile.

À moins qu'il ne s'agisse d'une autre rhétorique ? Celle de la décadence. Michel Onfray l'a théorisée : « L'Occident est en bout de course, et comme toutes les civilisations en phase d'effondrement, l'Europe montre des signes de décadence : l'argent roi, la perte de tous les repères éthiques et moraux, le sexe dépourvu de sens, la disparition des communautés familiales ou nationales au profit des tribus égotistes et locales[1]… »

En mars 2015, au terme d'un entretien croisé avec un autre philosophe, François-Xavier Bellamy, réalisé pour *Le Figaro,* Michel Onfray se montrait résigné : « On ne peut pas revenir en arrière […] cela ne me paraît ni possible ni souhaitable. La vérité cruelle est que notre civilisation s'effondre. Elle a duré 1 500 ans. C'est déjà beaucoup. […] On ne peut pas arrêter la chute d'une falaise[2]. »

1. Michel Onfray, *Penser l'islam*, Grasset, 2016.

2. « Vivons-nous la fin de notre civilisation ? », *Le Figaro*, 24 mars 2015.

Il n'y a donc définitivement plus rien à faire… Alors comment réagir ? La dernière formule du philosophe dans cet entretien affichait une noblesse tragique : « Le bateau coule, restez élégant, mourez debout. »

Devais-je finir mon enquête sur ce compte à rebours vers le naufrage et la mort ?

Je connaissais le député européen François-Xavier Bellamy puisque nous nous étions tous les deux affrontés, politiquement, à Versailles, sur deux listes rivales aux élections municipales de 2008. La sienne l'avait emporté, et il avait ainsi commencé, en maire adjoint de la ville, sa carrière électorale et son ascension.

Trop courtois pour faire de la politique ? Un agneau égaré au milieu des loups ? Certains le pensaient, en le voyant devenir tête de liste pour la droite aux élections européennes, en 2019 puis 2024. De mon côté, si je ne partageais pas toutes les opinions de cet agrégé de philosophie, j'appréciais sa retenue. Je trouvais qu'elle faisait du bien à la politique.

François-Xavier Bellamy m'avait raconté les coulisses de cet entretien de 2015, avec Michel Onfray. Il avait eu lieu à la *Brasserie Lipp*, à Saint-Germain-des-Prés. Le jeune philosophe, encore peu connu à l'époque, découvre alors un intellectuel aguerri, qui se montre bienveillant et attentionné à son endroit. « J'ai beaucoup d'estime pour lui[1] », me confia François-Xavier Bellamy, en reconnaissant que Michel Onfray « avait subi ces dix dernières années une forme de relégation à l'extérieur du champ de la conversation civique légitime qui est destinée à tous ceux qui osent

1. Entretien avec l'auteure, le 31 mars 2021.

aujourd'hui transgresser les tabous implicites du débat public ». Pour le député européen, Michel Onfray, par ses prises de position, « marchait sur ce qui est devenu un champ de mines continuel, puisque la moindre expression qui n'est pas mesurée au cordeau vaut d'être instantanément accusé de dérapage. Or, c'est le débat public qui ne cesse de déraper de ce point de vue-là ; ce que l'on pouvait dire très tranquillement il y a quinze ans, devient aujourd'hui quasiment intolérable, avec un effet d'accélération frappant ; en fait, les personnes qui accusent Michel Onfray de déraper ne se rendent pas compte que ce sont leurs propres critères d'acceptabilité qui dérivent de façon continuelle et qui restreignent, de manière marquée, le champ de la discussion possible. En réalité, il n'y a plus de véritable conversation : le débat est remplacé par un combat permanent et Michel Onfray en a largement fait les frais ».

François-Xavier Bellamy, à l'inverse de son aîné philosophe, reste pourtant un optimiste dans l'âme. Dans leur échange croisé pour *Le Figaro*, il ne voulut pas abdiquer : « L'histoire n'est jamais écrite d'avance : le propre de la liberté humaine est de rendre possible ce qui, en apparence, ne l'était pas. [...] Et la sagesse ne peut pas être qu'un consentement résigné à ce qui advient ! »

Je préférais, avec lui, l'espérance au fatalisme.

ÉPILOGUE

Lorsque j'ai commencé à m'intéresser à Michel Onfray, puis à sa relation avec Jean-Paul Enthoven – l'écrivain et son pygmalion –, je n'ai voulu mettre aucun des deux personnages dans la mire d'un fusil au motif que je me serais sentie plus d'affinités avec l'un ou avec l'autre. La question est pourtant souvent revenue dans la bouche de personnes informées de mon projet d'écriture, comme dans celle de mon ami et ancien professeur Thierry : « De quel côté vas-tu finalement pencher ? Où va ta préférence, vers Onfray ou Enthoven ? » Je devais les décevoir en répondant que ma mission, du moins celle que je m'étais modestement fixée, n'était pas celle d'un juge arbitre. Je ne délivrerai aucun bon ou mauvais point.

À travers les rencontres que j'ai faites au cours d'une année, je me suis avancée, en prenant mon temps, dans le dédale de leur histoire commune. Sans *a priori*, acrimonie ou complaisance pour les traits de caractère de l'un ou de l'autre, ou les opinions et points de vue entendus chez chacun. J'ai juste pris une loupe, pour mieux observer. Comprendre et non pas partager. Et par cette démarche, réduire ce qui pouvait m'intriguer chez ces deux hommes, que je trouvais hors normes, chacun à leur façon, et aussi en les observant en miroir l'un de l'autre.

Chez Michel Onfray me fascinait la psyché d'un écrivain qui a déjà publié, grâce à une énergie incomparable et inimaginable pour le commun des mortels, l'équivalent de l'œuvre de cinq ou même peut-être de dix penseurs. Un homme qui est passé d'un monde à l'autre, qui a réussi, par l'écriture, à s'extraire d'un destin, à faire bifurquer sa vie, tout en restant fidèle, une fois le succès arrivé, à ses racines populaires. Un philosophe, aussi, qui s'est fait, ces dernières années, beaucoup d'ennemis après avoir pourtant travaillé, pendant plus d'une décennie, à son avènement éditorial et intellectuel quasiment sans une faute de carre. Fallait-il vraiment quitter le strict champ de la philosophie pour venir sur un terrain plus politique et médiatique, et solder ainsi nombre d'acquêts de sa réputation ? Était-ce par attrait du combat ? Michel Onfray a-t-il finalement été trahi par cette douleur de l'enfance, qui l'aurait rattrapé pour se transformer en désir de revanche ? Ou bien au contraire, a-t-il été porté par cette douleur, comme une force, un moteur pour une vie entière qui fait que l'on n'abandonne jamais rien ?

À l'origine de cette enquête, il y avait donc le mystère d'un homme. L'écrivain Pascal Bruckner, qui le connaît bien, a écrit très justement : « La plus grande réussite de Michel Onfray, c'est au fond Michel Onfray lui-même, un homme qui a fait quelque chose d'unique de ce que les autres ont fait de lui, pour reprendre une phrase de Sartre qu'il exècre par ailleurs[1]. » Comme si dans la vie,

1. Pascal Bruckner, « L'ogre blessé », *Cahier de l'Herne*, 125 : *Michel Onfray*, *op. cit.*, p. 74.

ajouterai-je en paraphrasant Paul Éluard, il n'y avait pas de hasard, que des rendez-vous : des rendez-vous avec soi, dans tout ce qui nous accable ou ce que nous offre l'existence, et que nous ne soupçonnons pas.

Quant à Jean-Paul Enthoven, il avait été cet éditeur dandy, connu du Tout-Paris et des jeunes gens que nous étions, ma bande d'amis et moi, à Sciences Po. Il a fait partie, sans le savoir, de nos années estudiantines, en voisinage de quartier entre notre école et le siège des éditions Grasset. Parmi nous, Antoine était le plus motivé, il voulait devenir un écrivain célèbre, et rien d'autre. Il fit tout pour attirer l'attention de Jean-Paul Enthoven. Plusieurs fois, devant nous, il l'aborda au *Rouquet* et lui envoya ensuite ses textes. Sa chance fut ailleurs : auprès d'un autre éditeur singulier, Philippe Sollers, qui œuvrait pour les éditions Gallimard et qui publia son premier roman. Nous avons tous été si heureux pour lui.

Ce quartier de Saint-Germain-des-Prés est toujours demeuré le mien, grâce à ma vie professionnelle, et une forme d'héritage photographique que ma mère voulait me laisser, avec son projet de sauvegarder sur pellicule tout ce qu'elle pensait voué à disparaître. Je suis donc restée, après mes études, dans les rues où déambulait Jean-Paul Enthoven. Pendant plus de vingt ans, j'ai pu observer, par nos rencontres dont lui ne savait rien, un vrai personnage de roman, qui me donnait l'impression, à chaque fois que je le croisais, ici ou là, entre la place Saint-Sulpice et celle du Palais-Bourbon, d'assister à un spectacle unique. Il représentait pour moi la quintessence du petit monde des lettres de Saint-Germain-des-Prés. Un monde si parisien, un peu snob, où l'on ne fréquente que les *heureux du monde*, pour employer l'expression de l'auteure américaine Edith Wharton, née en 1862, dans la haute société new-yorkaise, sur laquelle elle posa, dans son œuvre de romancière, un regard à la fois précis, conscient, ironique et satirique. La première femme à obtenir le prix Pulitzer.

Un jour de 1989, ces deux hommes que tout opposait, Michel Onfray et Jean-Paul Enthoven, se sont rencontrés. Ils ont cheminé ensuite ensemble. Un long moment, plus de vingt ans, pour réaliser une œuvre commune. Puis ce fut la séparation. Voulue par qui ? Chacun a renvoyé, devant moi, la faute sur l'autre. Pour quel motif ? Plus rien, chez l'autre, ne leur paraissait supportable. Un antagonisme des origines qui, telle la lave d'un volcan, avait su sommeiller, au point même de se faire oublier, pour un jour entrer en fusion et en éruption, et tout ensevelir.

Une question a traversé toute cette enquête : quelle est la part de calcul, et donc de sincérité, chez Michel Onfray ? A-t-il signé ou non un pacte faustien avec la capitale et ses mœurs, en utilisant ses origines comme une valeur marchande ?

J'ai entendu les deux versions. Michel Onfray serait un excellent stratège ! Il aurait ouvert et creusé un sillon *antisystème* depuis longtemps, parce qu'il aurait très vite perçu ce que les Français peuvent ressentir vis-à-vis des intellectuels parisiens. Il aurait posé très tôt et entretenu savamment cette image et ce positionnement. Preuve en serait : Michel Onfray s'est fait connaître pour avoir inventé une monumentale *Contre-histoire de la philosophie* (douze tomes !), pour traiter de penseurs que l'université a disqualifiés et leur rendre gloire ! Balayer les idoles et aller chercher ceux que la doxa intellectuelle a brocardés... une idée qui sied bien à une époque qui aime plus la transgression que la nuance.

Michel Onfray serait donc, depuis longtemps, « un acteur au service de sa propre gloire et tout ce qu'il fait découle de cette ambition »... voilà une des phrases, parmi d'autres, que j'ai pu entendre. Au demeurant par une personne estimée du monde professoral. Comme l'est aussi ce directeur d'un grand hebdomadaire qui me dit un jour : « Tout ça est un jeu de rôles, Michel Onfray sait très bien qu'il occupe une case sur l'échiquier, et il en joue parce qu'il sait ce qu'il peut en tirer ! »

Une chaîne de télévision semble, en tout cas, vouloir exploiter cette place *hors du troupeau* occupée par le philosophe : « Vous êtes surtout un libre penseur et on aime la liberté d'expression sur CNews », a lancé la journaliste Laurence Ferrari, en présentant le premier numéro, en mars 2024, d'une nouvelle émission intitulée *Face à Michel Onfray*. L'objectif de cette interview hebdomadaire est de « prendre de la hauteur » afin d'« analyser les mouvements qui traversent la société, en France et dans le monde ». Un décryptage de l'actualité, en d'autres termes, qui a lieu chaque samedi, sur la chaîne du milliardaire conservateur Vincent Bolloré. Et des succès d'audience à la clé, puisque CNews, avec Michel Onfray, est vite devenue leader, parmi les chaînes d'informations, sur la tranche horaire de diffusion de l'émission.

Au cours de l'année où je l'ai fréquenté, je l'ai pourtant vu refuser pas moins de trois propositions de radios et télévisions qui étaient prêtes à payer extrêmement bien les chroniques du philosophe ou sa participation à des émissions récurrentes. Et avant cela encore, Michel Onfray avait déjà refusé d'intégrer plusieurs anciennes grandes émissions de télévision, celles animées par Guillaume Durand, Thierry Ardisson ou encore Marc-Olivier Fogiel et Laurent Ruquier.

Pourquoi virer de bord en 2024 ? Le philosophe s'en est expliqué dans le magazine *Paris Match* : « CNews est la chaîne où l'on entend et où l'on voit les jacqueries cachées par les gouvernements qui ne veulent pas qu'on montre la haine qu'ils génèrent. C'est la chaîne de la France dite d'en bas, celle des Bonnets rouges et des Gilets jaunes, celle des paysans montés à Paris et des anonymes qui font les frais de ce que je nomme la créolisation dangereuse et à qui l'on donne la parole. Les humiliés, les offensés, les couturés, les balafrés, les démolis du système peuvent pour la première fois faire entendre leur voix[1]. »

Aux yeux de Michel Onfray, CNews serait ainsi un « dispositif médiatique alternatif » à une pensée dominante de gauche qui voit, pour la première fois, dans les médias, son magistère impérial trembler.

Le philosophe franchit-il encore, avec un tel raisonnement, une marche supplémentaire dans la transgression ? J'entends déjà la réponse positive de Jean-Paul Enthoven à cette question. Mais ne pourrait-on pas lui rappeler une chose : pour l'intellectuel Michel Onfray, le réel existe, et c'est bien à lui qu'il faut se confronter ? En tant que philosophe, il n'a jamais professé le relativisme. Peut-on ainsi

1. Michel Onfray, tribune, « L'heureuse agonie d'un monde », *Paris Match*, 22 février 2024.

réellement lui reprocher, ces dernières années, de céder à une forme de radicalité et d'engagement plus militant ? Ou pire encore, nier sa sincérité ? Jean-Paul Enthoven, qui fut le premier compagnon de route du philosophe, en est quand même persuadé, en dépit des mots sans concession qu'il a vis-à-vis de son ancien protégé : « Sur le fond de son travail et de ses idées, Michel Onfray est un homme sincère, il n'y a pas à en douter[1] », a-t-il résumé.

Après une année passée à ses côtés, mon opinion n'est pas différente : Michel Onfray est, je le crois en effet, un libre penseur, qui n'obéit qu'à sa conscience, se plaçant en marge, aujourd'hui, il est vrai, d'un *establishment* politique et culturel, qu'il attaque sans cesse, et qui ne l'épargne donc pas en retour. À cette sincérité de comportement et de pensée, s'ajoutent, j'en ai été le témoin au fil de nos rencontres, des valeurs et des idéaux humanistes qui font de lui un homme généreux, avec ses proches comme avec des inconnus rencontrés au hasard, comme je le fus pour lui. Une générosité hors norme, même, admirable de vitalité, comme l'est toute la personnalité du philosophe. Après tous nos échanges, et au moment de conclure ce livre, je me devais aussi d'écrire cela.

Un autre chroniqueur régulier de CNews, un des rares hommes de gauche à venir s'exprimer sur la chaîne, croit aussi en la sincérité de Michel Onfray. « Baron noir » fut son surnom au sein du Parti socialiste. Il s'agit de l'ancien député et fondateur du mouvement SOS Racisme, Julien Dray, qui a couvé la gauche et le PS pendant près de quarante ans, grâce à une intuition politique et à un art des « coups » redoutable.

1. Entretien avec l'auteure, le 24 mars 2021.

J'ai attendu la toute fin de mon enquête pour aller à sa rencontre. Non pas par couardise, comme pour Bernard-Henri Lévy, mais par retenue, celle que l'on a avec les vieux amis. Pour moi, Julien Dray n'est pas un homme politique comme les autres. Je le connais depuis vingt ans, et sais comme il est, derrière son ombre épaisse, gentil, fidèle, bougon et attachant. En amis, on ne se ment pas.

« Tu penses que Michel Onfray est encore de gauche aujourd'hui ? Ou bien qu'il a trahi cette famille politique[1] ? lui ai-je demandé, un soir, devant une assiette de pâtes, dans un petit restaurant italien de la rue du Dragon, au cœur du 6e arrondissement de Paris, où nous avons nos habitudes.

— Je n'ai jamais excommunié les gens. Je laisse chacun se déterminer. Je ne suis pas juge. Si Michel Onfray pense être encore de gauche, c'est son droit. Avec lui, j'ai des accords et des désaccords. Mais je sais aussi que l'histoire va vite. Ce que tu vois aujourd'hui d'une certaine manière, tu peux le voir différemment demain. En tous les cas, ce que je peux dire, c'est qu'Onfray n'a rien trahi. Une trahison, pour un homme de gauche, c'est par exemple entrer dans un gouvernement de droite, pour appliquer une politique de droite. Ça, d'autres l'ont fait. Ils ont choisi leur camp et ils doivent l'assumer. Mais tant que tu es dans le débat, dans une confrontation idéologique, tu ne trahis pas. Même si je pense qu'Onfray a des sentences sur la gauche qui peuvent paraître dures, trop définitives. »

J'osai aborder la question, puisque la perche m'était tendue : « Comme sur SOS Racisme. Tu sais que, pour lui, l'antiracisme a créé un peuple de substitution, celui des

1. Entretien avec l'auteure, le 6 octobre 2024.

“marges” et des “communautés”, qui a fait que la gauche s’est éloignée du vrai *peuple*.

— C’est faux, ou plutôt, c’est une réécriture de l’histoire *a posteriori*. Au contraire, dans les usines, les ouvriers étaient heureux de porter les badges “Touche pas à mon pote”, de venir aux concerts qu’on organisait… On fait porter à ce mouvement une responsabilité qui n’est pas la sienne. Ce n’est pas SOS Racisme qui dirige le pays à partir de 1988, qui met en place une politique libérale. Même si, c’est vrai, nous avons participé à la victoire de François Mitterrand… Mais on a été bernés autant que d’autres avec cette élection et la politique qui a suivi. »

Si Michel Onfray avait été avec Julien Dray et moi, dans ce restaurant sans prétention de Saint-Germain-des-Prés, il aurait sans doute apprécié cette discussion, qui aurait probablement amené les deux hommes à disserter ensemble sur la pensée de gauche et l’exercice du droit d’inventaire.

Lui aurais-je alors avoué, aidée par la présence d’un ami, que mon projet de livre avait pris une tournure imprévue au seuil de nos premiers échanges ?

Cette question devenait prégnante : que pensera le philosophe de ce que j’ai écrit, et du choix de placer au centre du récit son ennemi juré, Jean-Paul Enthoven ? Il n’en savait encore rien.

Peut-être me dira-t-il : « En fait, vous n’avez vraiment rien compris ! Cet homme n’était ni mon ami ni mon pygmalion ! Comment avez-vous pu raconter cela ? »

Peut-être ira-t-il même jusqu’à penser que je l’ai trahi. « Jean-Paul Enthoven me hait et vous construisez tout un livre autour de lui ! Sans parler du fait que vous revenez sur toutes ces polémiques, dont Paris se délecte, et qui ne servent qu'à entretenir cette détestation contre moi !

— Michel, vous savez que ce n'est pas ce que j'ai cherché à faire… »

Dans ce dialogue imaginaire avec le philosophe, je tenterai de lui démontrer que le récit de cette histoire entre lui et son ancien éditeur, dans ce processus complexe d'amitié et de détestation, était aussi là pour éclairer d'une lumière romanesque la matrice de son œuvre et de sa vie. Je le vois ne rien entendre de mes arguments. Parce que Michel Onfray est un homme entier, à vif, avec cette exigence inflexible quant au comportement des autres. Pensera-t-il qu'il a baissé sa garde, à tort, avec moi ? Je lui dirai que nous avons accepté ensemble ce projet de livre, pouvait-il alors ignorer ma liberté d'auteur ?

Jean-Paul Enthoven ne s'attendra pas non plus à cet ouvrage. Du moins, pas à en être le second personnage. Pourra-t-il m'en vouloir ? L'éditeur, par profession, s'en amusera peut-être. L'écrivain également. Puisque Jean-Paul Enthoven est un auteur, lui aussi. De roman. C'était d'ailleurs une autre de leur différence : « Michel n'aime pas la littérature ! Je suis certain qu'il n'a pas lu nombre de grands classiques », me dit Enthoven avec une incompréhension persistante pour les goûts du philosophe. Celui-ci lui rendra la politesse, sans même avoir eu connaissance du propos, en ces termes : « Que va laisser Jean-Paul Enthoven comme trace ? Rien ! Des romans de jeunes filles encensés par la presse mais ignorés du public. Personne ne se souviendra de ses livres ! »… Le jugement est sévère, la plume de l'éditeur, qui fut un écrivain tardif, est néanmoins soignée et élégante. Et personne ne sait ce que la postérité réserve.

Imaginons ce que pourrait aussi avoir à me dire, de son côté, Jean-Paul Enthoven…

« Ah oui ! Je comprends, vous avez voulu donner du piquant à votre récit, et vous le faites grâce à moi ! Vous avez eu raison ! Mais dites-moi, qu'avez-vous repris, dans votre livre, de nos échanges ?

— Beaucoup de choses…

— C'est vrai que nous avons beaucoup parlé au cours de cet après-midi où vous êtes venue me voir. Vous savez que je ne voulais pas vous en dire autant, au départ.

— Je peux quand même vous poser une dernière question ?

— Essayez toujours.

— Vous aimeriez, à travers ce livre, faire passer un message à Michel Onfray ?

— Ce n'est pas lui parler qui m'intéresserait. J'aimerais, en fait, connaître un retour vers le passé avec Michel. J'aimerais revenir vers cette fin août d'autrefois, lorsque ce jeune philosophe normand fit irruption dans mon bureau, avec son savoureux banquet philosophique qui décrivait, par le menu, les habitudes alimentaires de Diogène, Freud, Kant ou Rousseau. J'aimerais retrouver l'homme qui est ensuite entré dans ma vie. Un homme qui ne fulminait pas encore, mais qui philosophait à côté de moi, livre après livre, avec originalité et insolence, entre hédonisme, matérialisme et athéisme. Je voudrais renouer avec l'inventeur d'une université populaire, qui faisait, dans les amphis et les salles communales, s'envoler les phrases, grâce à son sens du récit et sa capacité à vulgariser une pensée complexe et à rendre accessible la dialectique. J'aimerais faire abstraction de tout ce qu'il a pu dire, affirmer, revendiquer, plus tard, à la radio, dans les journaux, sur des plateaux de télévision. J'aimerais que sa politique du côté du peuple ne l'ait jamais dévoré, tout entier, pour le faire tomber dans un catéchisme de provocations simplistes et des perspectives faussées ! Voilà ce que j'aimerais. Mais ça, je ne pense pas que vous parveniez à me l'offrir par votre livre...

— Je crains que cela ne soit pas possible, en effet. »

L'un de ces deux hommes partira avant l'autre. Ils ont déjà frôlé la mort tous les deux ces dernières années. Ce n'est pas une interrogation morbide qui m'anime... en réalité, je me demande s'ils écriront, à ce moment-là, un ultime texte pour parler de l'autre.

Jean-Paul Enthoven le ferait, je pense, sans hésiter. Avec cette même bouffée de nostalgie que je viens de lui prêter. Michel Onfray écrirait sans doute aussi, mais sans rien publier. Le texte serait trop violent, surtout pour une personne qui ne peut plus répondre. Mais peut-être qu'à ce moment-là de son existence, le philosophe, devenu vieil homme, sera retourné dans sa caverne, à l'image du *Philosophe en méditation* représenté, en 1632, par le peintre néerlandais Rembrandt. Il n'aura plus envie de faire entendre sa voix. Celle du polémiste d'antan. À peine celle-ci grondera-t-elle, du fond de la grotte. Un bruit sourd, comme une ultime manifestation, parce qu'il le faut bien. La force vitale sera peut-être devenue sagesse, et non plus combat.

Post-scriptum.

Je vais vous citer, Michel, et cette citation, qui vous appartient bien, puisque je l'ai lue dans un entretien que vous avez donné, sera le mot de la fin, car je crois qu'elle vous sied parfaitement :

« Mes colères ont souvent été défensives et maîtrisées… Et je n'en regrette aucune[1]. »

1. Entretien avec Valérie Toranian, *Cahier de l'Herne*, 125 : *Michel Onfray*, *op. cit.*, p. 36.

Remerciements

Merci de tout mon cœur aux amis fidèles. Thierry, bien sûr, qui est entré dans l'histoire de ce livre, et Daïc Audouit, qui m'a encouragée, avec sa gentillesse, tout au long de l'écriture de ce texte, et qui en a été le premier lecteur.

Imprimé en France par
CPI Bussière
en février 2025

Composition réalisée par Facompo Lisieux

#lisez! engagé
www.lisez.com
Pour plus d'information :
Imprimé sur du papier issu de forêts gérées durablement.

N° d'édition : 68035/01 – N° d'impression : 2082661